粤港澳大湾区服务经济合作与发展

林吉双　孙波　陈和　著

Service Economic Cooperation and
Development of Guangdong-Hong Kong-Macao
Greater Bay Area

社会科学文献出版社
SOCIAL SCIENCES ACADEMIC PRESS (CHINA)

目录
Contents

001 | 前 言

001 | **第一章 粤港澳大湾区服务贸易自由化发展研究**
　　一　粤港澳大湾区服务贸易自由化发展现状……………001
　　二　粤港澳大湾区服务贸易自由化发展存在的问题………005
　　三　粤港澳大湾区服务贸易自由化发展的路径选择
　　　　与政策建议…………………………………………009

014 | **第二章 粤港澳大湾区旅游合作与发展研究**
　　一　粤港澳大湾区旅游合作与发展的比较优势…………015
　　二　粤港澳大湾区旅游合作与发展面临的问题…………019
　　三　粤港澳大湾区旅游合作与发展经验借鉴……………024
　　四　促进粤港澳大湾区旅游合作与发展的对策措施………027

037　第三章　粤港澳大湾区科技创新合作与发展研究
　　一　粤港澳大湾区科技创新合作与发展潜力巨大 …………… 037
　　二　粤港澳大湾区科技创新合作与发展面临新挑战 ………… 045
　　三　粤港澳大湾区科技创新合作与发展的新基础 …………… 050
　　四　粤港澳大湾区科技创新合作与发展的新征程 …………… 054
　　五　世界三大湾区科技创新合作与发展的启示 ……………… 056
　　六　粤港澳大湾区科技创新合作与发展的新思路、
　　　　新对策 ………………………………………………………… 058

064　第四章　粤港澳大湾区商务服务业合作与发展研究
　　一　粤港澳大湾区商务服务业合作与发展意义 ……………… 065
　　二　粤港澳大湾区商务服务业合作与发展现状 ……………… 067
　　三　粤港澳大湾区商务服务业合作与发展面临的问题 …… 073
　　四　粤港澳大湾区商务服务业合作与发展的重点 …………… 080
　　五　粤港澳大湾区商务服务业合作与发展对策建议 ………… 085

092　第五章　粤港澳大湾区高等教育合作与发展研究
　　一　粤港澳大湾区高等教育合作的现实需求 ………………… 093
　　二　粤港澳大湾区高等教育合作与发展现状 ………………… 096
　　三　粤港澳大湾区高等教育合作与发展的现实困境 ……… 099
　　四　推进粤港澳大湾区高等教育合作与发展的路径
　　　　建议 …………………………………………………………… 105
　　五　粤港澳大湾区高等教育发展及合作的思考 ……………… 112

124　第六章　粤港澳大湾区金融业合作与发展研究
　　一　粤港澳大湾区金融业发展现状 …………………………… 124
　　二　粤港澳大湾区金融业合作存在的主要问题 …………… 141
　　三　粤港澳大湾区金融业合作与发展方式探究 …………… 143

148 第七章 粤港澳大湾区服务业发展指数研究

  一 粤港澳大湾区服务业发展指数的意义 …………… 148
  二 粤港澳大湾区服务业发展指数构建原则 ………… 150
  三 粤港澳大湾区服务业发展指数评价指标及数据
    来源 …………………………………………………… 152
  四 粤港澳大湾区服务业发展指数计算方法 ………… 156
  五 粤港澳大湾区服务业发展综合指数与解读 ……… 158
  六 粤港澳大湾区服务业发展城市指数与解读 ……… 162

167 第八章 粤港澳大湾区竞争政策协调推动服务业合作与发展研究

  一 竞争政策与服务业跨境流动 ……………………… 170
  二 粤港澳大湾区竞争政策的差异 …………………… 176
  三 粤港澳大湾区服务业跨境流动的实证分析 ……… 185
  四 讨论和政策建议 …………………………………… 192

197 第九章 粤港澳大湾区跨境电商的机遇与挑战

  一 粤港澳大湾区跨境电商发展的现状 ……………… 198
  二 粤港澳大湾区跨境电商发展的优势 ……………… 198
  三 粤港澳大湾区跨境电商发展面临的机遇 ………… 200
  四 粤港澳大湾区跨境电商发展面临的挑战 ………… 202
  五 粤港澳大湾区跨境电商发展的未来方向 ………… 204

206 参考文献
211 索 引

前　言

随着《粤港澳大湾区发展规划纲要》《广东省关于贯彻落实〈粤港澳大湾区发展规划纲要〉的实施意见》《广东省推进粤港澳大湾区建设三年行动计划（2018~2020年）》的陆续出台，粤港澳大湾区进入了融合发展的新阶段。我们认为，粤港澳大湾区[①]深度融合的重点在于服务经济的合作与发展。目前，珠三角九市与港澳在工业经济领域的融合发展程度很高，但在服务经济领域的合作与发展水平还不高。因此，加快服务经济领域的合作与发展，不仅会为粤港澳大湾区经济的持续发展提供新动能、形成新优势，还会促进粤港澳大湾区经济的转型与升级，加快粤港澳大湾区成为世界一流湾区的建设步伐。

粤港澳大湾区服务经济领域合作与发展广泛，本书重点选取了粤港澳大湾区服务贸易自由化发展研究、粤港澳大湾区旅游合作与发展研究、粤港澳大湾区科技创新合作与发展研究、粤港澳大湾区商务服务业合作与发展研究、粤港澳大湾区高等教育合作与发展研究、粤港澳大湾区金融业合作与发展研究、粤港澳大湾区竞争政策协调推动服务业合作与发展研究等9个专题，探讨了通过服务业开放推动粤港澳服务经济产业深度合作、通过制度创新推动粤港澳服务经济市场体系深度融合、通过政策完善推动粤港澳服务经济体系无缝对接等热点和难点问题，在此基础上提出了相关政策建议。这些专题研究成果，对粤港澳大湾区服务经济的合作与发展有着一定的实践指导作用和政策参考价值。

林吉双

2019年10月18日

[①] 粤港澳大湾区有十一个城市，具体包括广州、佛山、肇庆、深圳、东莞、惠州、珠海、中山、江门在内的大湾区内地九市和香港、澳门两个特别行政区。

·第一章·
粤港澳大湾区服务贸易自由化发展研究

林吉双[*]

2003年，为促进中国内地和香港、澳门特别行政区经济的共同繁荣与发展，加强内地、香港、澳门与其他国家和地区的经贸联系，中国内地与香港、澳门分别签署了《内地与香港关于建立更紧密经贸关系的安排》《内地与澳门关于建立更紧密经贸关系的安排》（CEPA[①]），主要内容包括逐步实现服务贸易自由化和促进贸易投资便利化等方面的协议。后经十轮商谈，达成10个补充协议，广东与港澳服务贸易自由化得到了迅速发展。

一 粤港澳大湾区服务贸易自由化发展现状

（一）服务贸易自由化程度较高

2014年12月18日，《内地与香港CEPA关于内地在广东与香港基本实

---

[*] 作者简介：林吉双，广东外语外贸大学国际服务经济研究院（国际服务外包研究院）院长，教授，主要研究方向为宏观经济学、国际贸易学和服务经济学。

① CEPA（Closer Economic Partnership Arrangement），即《关于建立更紧密经贸关系的安排》的英文简称。包括中央政府与香港特区政府签署的《内地与香港关于建立更紧密经贸关系的安排》、中央政府与澳门特区政府签署的《内地与澳门关于建立更紧密经贸关系的安排》。

现服务贸易自由化的协议》《内地与澳门 CEPA 关于内地在广东与澳门基本实现服务贸易自由化的协议》（以下简称《两个协议》）正式签署。2015 年 3 月 1 日，《两个协议》正式实施，标志着粤港澳基本实现服务贸易自由化。

《两个协议》是内地首次以"准入前国民待遇加负面清单"的方式签署的服务贸易自由化协议，其涉及面广、内容丰富。广东涉及 WTO 服务贸易部门总数为 160 个，根据《两个协议》规定，广东对港澳服务业开放 153 个部门，已经达到总数的 95.6%，而其中 58 个部门对港澳服务提供者实现国民待遇，粤港澳服务贸易开放度代表了内地最高的开放水平。同时，对符合条件的港澳服务贸易提供者，其公司设立及变更合同、章程审批改为备案管理，有效地推动了外资管理、商事登记等相关配套措施改革。2016 年 6 月 1 日，在《两个协议》实施的基础上，《CEPA 服务贸易协议》正式实施，新增了 4 个实行国民待遇的部门，限制性措施由 132 项减少至 120 项；同时，新增了 10 条适用于广东自贸试验区的开放措施，粤港澳服务贸易自由化政策延伸到内地全境。

（二）服务贸易规模持续高速增长

自 2016 年以来，广东与香港服务贸易持续高速增长。如表 1 所示，2016~2018 年，广东与香港服务贸易的增速均超过两位数，分别为25.33%、32.12% 和 21.51%，远超广东与其他国家或地区的服务贸易增幅；广东与香港的服务贸易额占广东同期服务贸易总额的比重也持续上升，分别为 44.44%、46.62% 和 50.21%。

表 1　2016~2018 年广东与港澳服务贸易数据

单位：亿元，%

项目		香港			澳门		
		规模	增速	占比	规模	增速	占比
广东	2016 年	4349.36	25.33	44.44	301.02	91.41	3.12
	2017 年	5666.89	32.12	46.62	358.78	19.19	2.95
	2018 年	6885.84	21.51	50.21	317.66	-11.46	2.32

数据来源：广东省商务厅。

（三）重点平台建设取得成效

2015年10月，广东省政府确定广州天河中央商务区等13个区域作为首批粤港澳服务贸易自由化示范基地，另外在粤港澳大湾区内地城市共设有9个粤港澳服务贸易自由化重点平台，其中包括南沙新区这一国家级的粤港澳合作平台。广东省统筹推动重点平台建设，发挥平台的综合优势，加强在港澳的宣传推介，推动地方深化改革，突出"领头羊"效应，有效拉动了地方经济发展。例如，天河CBD拥有港澳企业逾1000家，2017年《在粤香港服务业企业名册》显示，在粤香港企业有146家在天河CBD，占广州市的1/3；佛山南海粤港澳合作高端服务示范区重点规划建设"香港城"，已引入重点项目40多个，累计完成投资150余亿元；琶洲会展总部和互联网创新聚集区加强与香港贸易发展局、澳门贸易投资促进局的合作，由港资企业投资的会展中心年办展数量和面积均实现大幅增长。

（四）专业服务合作水平持续提升

近年来，广东省加快落实CEPA补充协议新增的10条专门适用于广东自贸试验区的开放措施，在区内先行先试推进行业规则对接，降低港澳投资者设立认证机构的条件。全国首家港资控股证券和基金管理公司落户，澳资银行首次进驻内地。在粤港澳服务贸易自由化政策支持下，符合资格要求的港澳建筑师、律师、医生等专业人士可以更加便利地进入内地执业发展。目前，粤港合伙联营律师事务所有121家，香港律师事务所在广东省设立代表机构两家，经批准成为内地执业律师的香港居民104名。前海、横琴试行香港工程建设模式，两家香港独资的建筑设计事务所获甲级资质。全省已有港资医疗机构38家，涵盖医院、门诊部、诊所、独立医学检验所等多种类别。

（五）各城市与大湾区发展战略主动对接

国家实施粤港澳大湾区战略规划以来，大湾区珠三角九座城市及早谋划推进与港澳服务贸易合作，主动融入粤港澳大湾区发展战略，取得了丰硕成果。

广州对接港澳主要成果。一是法律服务方面，设立全国第一家自贸区法院，在全国率先聘任港澳籍人民陪审员，成立全国首个自贸区劳动人事争议仲裁机构，组建航运、金融、知识产权等领域的仲裁机构，成立广州市南沙（广东自由贸易区南沙片区）公证处。二是金融服务方面，推出全国首创粤港电子支票业务以及与香港合作发行"熊猫债"业务，引入了《关于建立更紧密经贸关系的安排》（简称CEPA）框架下首家粤港合资证券公司广州广证恒生证券研究所、首家外商股权投资基金广州赛富兆星股权投资基金和全国首批合资商品期货公司南网建鑫基金管理有限公司。三是旅游服务方面，穗港两地合作推进邮轮游艇旅游发展，《中国（广东）自由贸易试验区粤港澳游艇自由行实施方案》获批，广州南沙率先实现粤港澳游艇自由行首航。四是运输服务方面，构建南沙"无跑道机场"新模式，对接香港机场物流集中与分拨体系，使香港机场国际物流通过南沙无缝对接粤北、中南、西南等27个内陆无空港、无水港地区；南方航空和云顶集团达成"空—港"一体战略合作，首创亚洲"机票+邮轮+旅游"跨界合作新模式等。

深圳对接港澳主要成果。一是金融服务方面，推动深港合作区内金融保险、专业服务等领域合作项目落地，推动CEPA框架下全国首家港资控股公募基金公司，首家由社会资本主导发起设立的保险机构在前海开业运行。二是工程服务方面，深圳市前海管理局、住房建设局与香港特区政府发展局签署《在深圳市前海深港现代服务业合作区试行香港工程建设模式合作安排》，在嘉里前海项目实行香港工程管理模式，为香港建筑工程业向内地输出专业人才和标准先行先试。三是科技服务方面，在落马洲河套地区打造深港科技特别合作区,以创新和科技为主线,集聚国际创新资源,打造粤港澳大湾区科技发展新引擎、深港跨境深度合作新支点、政策制度改革创新试验区。

东莞、佛山、中山和惠州等城市对接港澳主要成果。一是东莞方面,积极与香港合作开发滨海湾新区,强化规划引领,将其打造为粤港澳协同发展重大平台和先导区;二是佛山方面,佛山南海粤港澳合作高端服务示范区按照粤港澳大湾区新的战略要求,编制"南海三山新城综合规划",抢跑融入大湾区建设发展;三是中山方面,中山翠亨新区抓住粤港澳大湾区规划建设历史机遇,高起点提早谋划示范基地定位和产业布局;四是惠州方面,充分发挥人缘、地缘优势,着力推进"粤港共建惠州仲恺高新区二次创业示范园区"建设,大力打造惠港澳青少年交流活动品牌,升级突破惠港澳医疗合作。

(六)生产要素自由流动政策相继出台

《粤港澳大湾区发展规划纲要》发布以来,中央、广东省及珠三角九市政府相继出台政策,为促进大湾区生产要素顺利流动提供政策支持。这些政策主要包括:为平衡内地与港澳个人所得税差异,给在大湾区工作的境外(含港澳台,下同)高端人才和紧缺人才予以补贴,财政部和税务总局印发了《关于粤港澳大湾区个人所得税优惠政策的通知》(财税〔2019〕31号);为促进科技创新要素在大湾区内顺利流动,广东省印发了《关于进一步促进科技创新的若干政策措施》(粤府〔2019〕1号);为吸引港澳创新创业资源,广州、深圳、珠海等珠三角城市的市政府纷纷出台了多项针对港澳青年来大湾区创新创业基地创业的优惠政策。这些政策的出台,较好地促进了科技创新要素在大湾区的顺利流动。

二 粤港澳大湾区服务贸易自由化发展存在的问题

粤港澳大湾区服务贸易自由化虽然取得了良好的进展,但依然存在一些问题和障碍。

（一）大湾区企业的运营和协调成本高

粤港澳大湾区具有"一国两制"、三个关税区、三种法律制度等特点，与纽约、旧金山和东京三个湾区相比，其企业的运营成本和协调成本高。如表2所示，在珠三角运营的港澳企业，其日常运营成本（如跨区域电信成本、跨区域对接成本）和制度协调成本（如跨区域税制、跨区域法制、跨区域币制和跨区域文化等成本）与其他湾区相比更高。

表2　粤港澳大湾区港澳在粤企业相比世界其他湾区企业多出的运营和协调成本

成本种类	运营和协调成本内容
日常运营成本	跨区域电信成本，包括电话国际通信费、网络专线服务费等
	跨区域对接成本，包括职业资格认证费、行业标准对接费等
制度协调成本	跨区域税制成本，包括税种过多、税率过高等带来的成本
	跨区域法制成本，包括法律冲突、法律监管差异等带来的成本
	跨区域币制成本，包括货币兑换、资金过境等带来的成本
	跨区域文化成本，包括人员培训、深度融合等带来的成本

（二）大湾区服务贸易自由化存在着"大门已开、小门未开"等诸多障碍

服务贸易覆盖领域广泛，涉及政府职能部门众多，各部门对服务贸易了解程度不同，许多部门仍停留在服务业的概念上，不同的职能部门对加大服务业对外开放的重视程度和推动力度也不一样，这导致珠三角九市商务主管部门推进服务贸易自由化难度较大，推动各项政策落地较难。因此，《粤港澳大湾区发展规划纲要》发布以来，大湾区服务贸易自由化虽然取得了一些进展，但"大门已开、小门未开"、"玻璃门"、"弹簧门"

和"旋转门"的问题依然存在。例如，目前存在的市场开放融合不足、港澳投资者申请准入过程烦琐、专业人才服务资质还未能互认、服务业标准还未能对接、联营律师事务所不能自由聘雇律师、港澳居民在内地就业相关社保及子女教育难以落实等状况，凡此种种，阻碍了珠三角服务业——特别是专业服务业——的开放和发展，凸显出政府推进力度不够、服务贸易自由化政策衔接不到位等问题。

（三）大湾区部分服务业受制于国家事权，开放相对滞后

CEPA框架下对港澳服务贸易开放度虽然已达到较高水平，但服务业市场开放相对滞后仍然是粤港澳大湾区服务自由化充分发展的突出障碍。当前服务业开放已进入深水区，部分行业审批管理权限属国家事权，进一步开放难度较大。一是涉及国家金融安全、信息安全的金融、保险和电信等领域准入限制措施集中，行业准入标准严谨，港澳企业因自身条件原因进入难度较大，比如一些港澳资保险公司因难以达到《外资保险公司管理条例》中"532"（总资产50亿美元、保险经营历史30年、在内地设立代表处2年）的条件而难以进入大湾区内地九市进行投资和经营；二是涉及国家文化安全和社会安全的文化、教育市场领域准入限制较多，一些条件较好的港澳文化服务类企业也难以进入大湾区内地九市进行投资和经营。

（四）大湾区各城市发展战略定位协调程度不高，影响资源优化配置

目前，大湾区各个城市在城市发展定位和规划上呈现"各自为营，独立开展"的状态，导致各城市在大湾区发展定位和发展规划等方面产生重复、矛盾和冲突。例如，广州、东莞、深圳和香港都提出要建设"全球科技创新中心"的目标，香港和广州都提出要打造"全球航运中心、贸易中

心"的计划等。大湾区各城市间发展定位和发展规划重复,容易形成区域内多头竞争,造成资源难以有效配置和利用。

(五)粤港澳跨行政区域合作机制作用和政策效率有待提升

粤港澳服务贸易在各自制度和政策环境下各有特色和优势,这有利于三地之间优势互补、协同发展,但三地之间的制度、政策、行业标准、职业资格等也存在很大差异,阻碍了人流、物流、资金流、信息流、技术流等生产要素的自由流动。同时,粤港澳促进经济发展的体制也存在较大差异,珠三角地区一般由政府部门宏观统筹,港澳地区以行业协会组织为主。因此,在推进粤港澳服务贸易自由化进程中,行业组织和企业的参与度有待提高,政策宣传力度有待加强,政府与三地市场主体的协同机制有待完善,服务贸易自由化优惠政策的效力还有待进一步释放。

(六)CEPA协议已不完全符合服务贸易自由化对法治营商环境的需要

作为粤港澳服务贸易自由化的基础性法律文件,CEPA协议已签署十余年。尽管近几年来配套补充协议陆续出台,继续扩大和增加CEPA协议的开放领域,放宽服务业市场准入门槛和区域限制,但是在执法理念、基本原则、结构框架和核心内容等多方面,CEPA协议已不完全符合当前世界经济发展潮流以及粤港澳大湾区服务贸易自由化等现阶段国家改革开放战略的新要求。比如,CEPA协议不具备相对独立的外商投资争端解决机制,不具备司法或非司法属性的常设或临时性争端解决机构,也缺少必要的投资争端解决程序,这些不仅与国际上高标准的投资贸易协定存在较大差距,也不利于推进粤港澳大湾区服务贸易自由化战略目标的尽快实现。随着粤港澳大湾区国家战略的制定和实施,CEPA协议的一些条款在一定程度上已经阻碍了粤港澳大湾区服务贸易自由化的深度融合和发展。

三 粤港澳大湾区服务贸易自由化发展的路径选择与政策建议

（一）粤港澳大湾区服务贸易自由化发展的路径选择

1. 建立粤港澳大湾区服务贸易自由化协调机制，完善和落实 CEPA 框架协议

随着《粤港澳大湾区发展规划纲要》《广东省关于贯彻落实〈粤港澳大湾区发展规划纲要〉的实施意见》《广东省推进粤港澳大湾区建设三年行动计划（2018～2020年）》的纷纷出台，粤港澳大湾区服务贸易自由化将进入快速发展期。推动建立粤港澳三地推进大湾区服务贸易自由化工作协调机制，衔接落实 CEPA 框架协议；定期就有利于三地合作促进服务贸易自由化的具体事项进行逐一研究、落实和推进，使 CEPA 服务贸易相关协议书面的合作意向得到具体实施，并通过密切沟通，对推进工作中遇到的新问题、新机遇进行及时商讨、应对和促进。大湾区内地各市实行市委、市政府负责制，市委或市政府主要领导为第一责任人，成立粤港澳服务贸易自由化领导小组和办公室，分领域成立若干专项工作小组，负责推进专门领域工作。

2. 定准粤港澳大湾区服务贸易自由化重点推进领域

港澳服务业发达，在国际化、专业化、精细化、成熟化等方面有着较大的优势。粤港澳服务贸易自由化要重点推进以下几个方面：一是将港澳领先的服务业引入大湾区珠三角九市，如生产性服务业可着重引进港澳运输服务业、金融服务业、保险服务业、建筑服务业、法律服务业、教育服务业等，生活性服务业方面可着重引入港澳旅游服务业、医疗服务业、文化服务业等；二是珠三角九市可承接港澳服务业因成本上升向大湾区转移的服务业，如健康服务业、养老服务业和体育服务业等；三是将港澳服务业发展的先进理念引入大湾区相关服务业，如法律服务业方面的立法、司法和执法理念，会计服务业的国际化、专业化的执业精神等。

3. 加快广东自贸试验区服务业对港澳企业开放进程，促进粤港澳大湾区服务贸易自由化深度发展

广东自贸试验区南沙、前海、横琴三大片区在推动服务业对港澳开放上，已经取得喜人成果。一方面，尽快将广东自贸试验区服务业开放创新的经验和做法以及相关的开放政策全面复制、推广到整个粤港澳大湾区，促进粤港澳大湾区服务贸易自由化深入发展。另一方面，应充分发挥广东自贸试验区制度创新方面的先行先试优势，争取在CEPA框架下率先对港澳服务业进一步开放，扩大港澳企业在大湾区金融、医疗、健康、教育等服务领域的服务范围，探索引入香港管理模式，实现在标准、模式等方面的深度合作。

4. 高质量建设粤港澳大湾区服务贸易自由化合作发展平台

打造和建设粤港澳大湾区服务贸易自由化合作发展平台。主要是优化提升深圳前海深港现代服务业合作区功能，支持深港科技创新合作区建设；打造广州南沙粤港澳全面合作示范区，支持中新广州知识城建设；推进珠海横琴粤港澳深度合作示范区建设，支持珠海西部生态新区建设；支持佛山粤港澳合作高端服务示范区建设；支持东莞滨海新区、惠州潼湖生态智慧区、中山翠亨新区建设、江门大广海湾经济区和肇庆新区建设等。

搭建和完善粤港澳大湾区服务贸易自由化交易平台。以中国（深圳）国际文化产业博览交易会、中国（深圳）国际高新技术成果交易会、中国（香港）国际服务贸易洽谈会、澳门国际贸易投资展览会等为基础，构建粤港澳大湾区服务贸易综合类和专业类展会平台体系。同时，支持和鼓励"广交会"等有影响力的投资贸易类展会增设服务贸易展区等，促进粤港澳大湾区服务贸易自由化繁荣发展。

5. 引育中高端人才，促进粤港澳大湾区服务贸易自由化高质量发展

推动大湾区高等教育交流与合作。鼓励和支持广州和深圳等大湾区高校加强与香港和澳门知名大学的合作，从开展相互承认相关课程学分、实施更加灵活的交换生安排等，到联合创建大湾区大学和建设国际教育示范区，培育粤港澳大湾区急需的服务贸易中高端人才。

打造大湾区国际服务贸易中高端人才聚集地。加快实施更有效的人才居留政策，在大湾区内地先行先试技术移民制度，缩短外籍人才申请永久居留权的审批期限；完善境外高层次人才认定标准，修订境外高层次人才创新创业扶持政策；加快建设粤港澳大湾区（广东）人才港；加速建设广州、深圳等国家级人力资源服务产业园等。同时，优化就业环境，满足境外人才在住房、子女教育、医疗服务和社会保障等多方面的需求，提高引入人才和留住人才的能力。

（二）粤港澳大湾区服务贸易自由化发展的政策建议

1. 向国家争取服务业重点领域对外开放事权，加快粤港澳大湾区服务贸易自由化进程

伴随粤港澳大湾区内的中国特色社会主义先行示范区、自贸试验区和服务贸易创新发展试点城市等多层次开放示范和试验平台的建设，粤港澳服务贸易自由化有了多层次的推进平台。

深圳重点推进与港澳金融市场互连互通，加强跨境金融监管。2019年8月，中共中央、国务院发布《关于支持深圳建设中国特色社会主义先行示范区的意见》，为中国形成全面深化改革、全面扩大开放新格局安排了前沿阵地和突破口。因此，深圳要积极主动争取中共中央、国务院全面赋予深圳金融市场对港澳互联互通和跨境金融监管的权力，有计划、有步骤、分阶段地探索和推进对港澳金融开放与金融安全工作，为国家金融市场的全面开放和金融安全积累经验。

广东自贸区重点推进生产性和生活性服务业对港澳的开放和管理。广东自贸区要根据南沙新区、深圳前海蛇口片区、珠海横琴新区各发展目标和试验功能，积极主动向国务院和广东省申请赋予各自贸试验区服务业对港澳开放的国家级和省级管理权限，研究制定广东自贸试验区对港澳开放负面清单指引，积极探索服务业对港澳全面开放的体制和机制创新，待经验成熟后在大湾区内地复制和推广。同时，制定港澳专业人才执业管理办法，积极探索在广东自贸试验区允许具有港澳执业资格的金融、建筑、规划、专利代理等领域的专业人才经粤港澳大湾区相关部门或机构备案后，按规定为广东自贸试验区内的企业提供专业服务，待试点成熟后可在大湾区内地九市复制推广。

广州和深圳重点推进粤港澳服务贸易自由化深度融合。广州和深圳应向国务院各部委、广东省申请下放事权，逐步取消或放宽股比限制、业务限制、经营许可和从业许可，切实解决阻碍粤港澳服务贸易自由化的"玻璃门""旋转门""弹簧门"等问题，将CEPA框架下内地对港澳服务贸易自由化的各项政策落到实处。同时，要大力推进服务贸易新模式和新业态创新，加快粤港澳各服务领域的深度合作。

2. 建设国际一流营商环境，为粤港澳大湾区服务贸易自由化提供保障

首先，应有效降低粤港澳大湾区企业运营成本和协调成本。广东各相关政府部门要尽快推动在港澳与大湾区内地间取消或降低通信漫游和长途资费的相关政策；推进跨境电子支票联合结算、跨境电子账单直接缴费和支付工具跨境使用等金融服务创新，提高金融服务便利化水平；大湾区内地政府要通过提高港澳企业纳税便利化服务、企业贸易收支便利化服务、企业仲裁和诉讼等法律服务便利化来降低企业相关成本。

其次，应促进人员、车辆往来便利化。相关政府部门要加强研究，为符合条件的大湾区内地各市人员赴港澳开展商务、科研、专业服务等提供更加便利的签注安排等相关政策，也可考虑将深圳实行的"一签多行"政策扩大到大湾区内地九市，简化商务、科研等专业服务人员赴港澳审批办理手续，加速粤港澳人员流通来往。将广东自贸试验区的有关出入境政策措施复制推广至大湾区内地九市，实施外国人144小时过境免签政策，并延长过境免签的逗留时长。研究在主要陆路口岸增加旅客出入境自助查验通道，争取国家尽快将粤港澳直通车的行政许可事项明确授权广东省组织实施；研究制定全面放开香港、澳门私家车经港珠澳大桥珠海公路口岸入出内地的政策。

此外，应推进营商环境法治化建设。加强与港澳司法部门的交流与协作，就粤港澳服务贸易自由化的立法和执法理念进行研讨，加快形成与香港、澳门以及与国际接轨的高标准服务贸易与服务投资规则；探索开展营商环境地方立法工作，推进建设粤港澳大湾区国际法律及争议解决服务中心，推动建立多元化纠纷解决机制；推动成立服务粤港澳大湾区的法律类社会组织，支持建立粤港澳律师联合会；推动建设粤港澳大湾区国际仲裁中心。

3. 合理定位大湾区城市发展战略，促进粤港澳大湾区服务贸易自由协调发展

广东省要积极联合港澳特区政府，按中共中央、国务院发布的《粤港澳大湾区发展规划纲要》《关于支持深圳建设中国特色社会主义先行示范区的意见》等相关政策，将粤港澳大湾区作为一个有机的整体来宏观布局，深入研究大湾区各城市的特点和优势，合理规划，错位发展，发挥政府资源的引导作用，充分发挥市场配置资源的决定性作用，实现大湾区各城市产业协同、优势互补、共同发展，真正达到"9＋2＞11"的规划目标和协同效果。

· 第二章 ·
粤港澳大湾区旅游合作与发展研究

隋广军　朱丽丽[*]

　　《粤港澳大湾区发展规划纲要》明确了粤港澳大湾区构建世界级旅游目的地的旅游目标，对粤港澳大湾区建设旅游高地提出明确要求，为大湾区旅游合作与发展提供了巨大机遇。随着粤港澳大湾区的进一步建设与开放，旅游作为带动区域经济发展的重要产业，同时也是粤港澳大湾区向世界推介自身形象的重要渠道，将成为三地合作的重点领域之一。粤港澳大湾区作为我国入境旅游最具区位优势的区域，吸引着大批量的国际游客及中国内地游客，旅游业一直是大湾区的优势产业和重要的经济发展动力。2018年，大湾区入境游客数量超过1.2亿人次，其中接待外国游客数量超过2400万人次，占入境游客比例约20%。而大湾区内地九市作为我国改革开放的先驱，在我国入境旅游市场中也一直占据着举足轻重的地位。2017年，大湾区内地九市接待入境过夜游客高达3743万人次，对我国入境旅游发展具有重要的带动作用。因此，粤港澳大湾区旅游合作具有良好的合作基础。

---

[*] 作者简介：隋广军，博士，教授，博士生导师，广东外语外贸大学党委书记，主要研究方向为产业经济与国际经济政策；朱丽丽，广东外语外贸大学经济贸易学院硕士研究生，主要研究方向为产业经济与国际经济政策。

第二章　粤港澳大湾区旅游合作与发展研究

由于粤港澳大湾区涉及粤、港、澳三地，旅游合作与发展面临着特殊机制体制、旅游经济发展不平衡以及旅游业亟待转型升级等问题，给大湾区旅游合作与发展带来一定阻碍。同时，粤港澳大湾区的建设也对大湾区旅游合作与发展提出了新的需求和挑战。因此，本文聚焦于粤港澳大湾区旅游合作与发展的比较优势和面临的问题，分析粤港澳大湾区多核心的旅游经济网络布局和旅游经济发展特色，并借鉴欧盟、亚太地区和环渤海地区的区域旅游发展成功经验，为加快粤港澳大湾区旅游合作与发展提供新的思路。

一　粤港澳大湾区旅游合作与发展的比较优势

（一）粤港澳大湾区经济实力雄厚

粤港澳大湾区在世界四大湾区[①]中经济实力处于领先地位，强大的经济实力为粤港澳大湾区旅游合作与发展提供了良好的设施环境和大量的外地客流。首先，从 GDP 总量来看，2016 年，粤港澳大湾区 GDP 总量达到 1.34 万亿美元，在四大湾区中位居第二（见表1）。其次，从 GDP 增速上看，粤港澳大湾区远远高于其他三大湾区，是其他湾区增速的 2 倍以上。在多项主要经济指标上领先的粤港澳大湾区，仅凭 0.6% 的国土面积占比，就贡献了全国 12% 的 GDP 总量。最后，从经济影响力来看，已发布的《四大湾区影响力报告（2018）》显示，粤港澳大湾区的经济影响力居于四大湾区之首。总之，粤港澳大湾区凭借自身雄厚的经济实力为其旅游业的合作与发展提供了坚实的经济基础。

[①]　四大湾区包括纽约湾区、旧金山湾区、东京湾区和粤港澳大湾区。

表1　2016年世界四大湾区经济实力对比

项目	粤港澳大湾区	纽约湾区	东京湾区	旧金山湾区
GDP（万亿美元）	1.34	1.5	1.3	0.8
GDP增速（%）	7.9	3.5	3.6	2.7
占本国GDP比重（%）	12	8	26	4.3

资料来源：中国指数研究院。

（二）粤港澳大湾区旅游业发展态势良好

1. 旅游业规模发展突出

近年来，粤港澳大湾区旅游业的整体规模不断扩大，很大程度上刺激了大湾区各城市旅游业的合作与发展。首先，2017年，粤港澳大湾区的旅游总收入达1.1万亿元，占全国旅游总收入的21%。在旅游收入增速上，澳门、惠州、珠海、江门、中山等大湾区一半以上城市超过同年全国旅游收入增速的1.15倍。[①] 其次，在接待游客人数方面，2017年粤港澳大湾区接待游客数量达6.93亿人次，约占全国接待游客总数（50.01亿人次）的13.86%。其中，入境游客数量为0.79亿人次，占全国入境游客数量（1.39亿人次）的一半以上。

2. 入境旅游持续平稳增长

粤港澳大湾区一直是我国入境旅游热门地。近年来，大湾区入境旅游持续平稳增长展现了大湾区旅游合作与发展前景的巨大潜力。首先，如图1、图2所示，2013~2017年，粤港澳大湾区接待入境游客数量整体上保持稳定增长态势，其中，珠海得益于所处的区位优势，入境游客人数的增长速度最快，从2013年的263万人次增长到2017年的499万人次，增长率达到89.73%。其次，2017年，从年增长率上看，粤港澳大湾区各城市接待入境游客人数实现全面增长，年增长率为3.8%。今后，随着粤港澳大湾区交通

---

① 数据来源：2018年度大湾区内地九市统计年鉴、《香港统计年刊》、《澳门统计年鉴》。

网络的日益发达，粤港澳大湾区入境旅游市场空间将得到进一步拓展，对粤港澳大湾区旅游合作与发展的推动力也会日益增强。

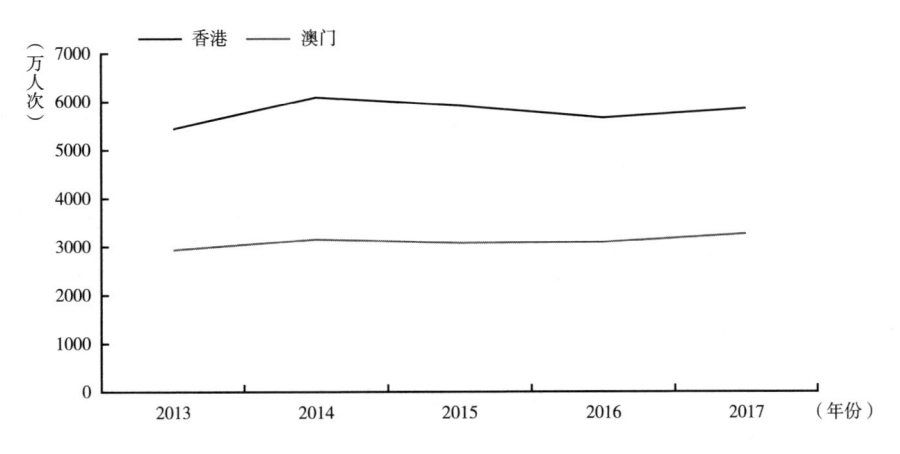

图1　2013~2017年粤港澳大湾区香港、澳门入境游客数

资料来源：2014~2018年度大湾区内地九市统计年鉴、《香港统计年刊》、《澳门统计年鉴》。

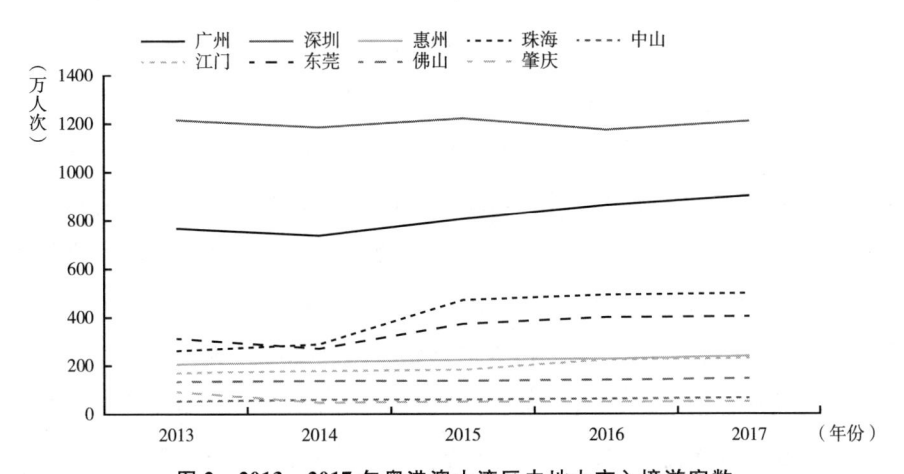

图2　2013~2017年粤港澳大湾区内地九市入境游客数

资料来源：2014~2018年度大湾区内地九市统计年鉴、《香港统计年刊》、《澳门统计年鉴》。

3. 三地旅游资源丰富

粤港澳大湾区有着丰富的旅游资源。一是自然旅游资源丰富多彩。大湾区内地九市海岸线绵长，拥有复杂多样的海蚀、岩溶等地貌和滨海旅游资源；香港素有"东方之珠"的美称，多港岛、石山拥有着各具特色的海岛以及郊野公园等丰富的自然旅游资源；澳门的自然旅游资源主要集中在路环岛上，以黑沙海滩、竹湾最为出名。二是人文旅游资源多元化。大湾区内地九市的粤菜、粤剧和各种民间工艺品闻名遐迩，近代革命斗争中的历史遗迹、名人故居等不胜枚举；作为购物天堂的香港融贯东西文化，有独具风情的博物馆和不同风格的建筑，经常举办各种国际性的文化体育盛事，迪士尼乐园度假区也吸引了大批的游客；澳门有着发达的博彩旅游业，历史悠久的澳门老城区及其宗教、建筑、艺术都推动着澳门向世界旅游休闲中心的发展。

（三）粤港澳大湾区旅游合作基础良好

1. 交通网络日益发达

自2013年广东"交通大会战"开展以来，粤港澳大湾区之间现代地面交通网络已经基本形成。在陆路运输方面，粤港澳大湾区拥有广珠城际、广佛肇城际、莞惠城际等多条珠三角城际轨道线路；虎门大桥、港珠澳大桥、南沙大桥、深中通道四座世界级大桥已运营通车；深茂铁路、赣深高铁的加快建设以及广东通港澳高速的增设，也将进一步缩短游客在粤港澳大湾区各城市间的往来时间。在航空运输方面，粤港澳大湾区拥有五大国际机场（香港、澳门、广州、深圳、珠海），各机场硬件设施优良，可满足世界各地游客的出行需求。在海运方面，作为粤港澳大湾区现代交通网络核心之一的三大邮轮母港，2018年接待出入境邮轮游客达257万人次。同时，广东省交通运输厅计划于2022年底实现"12312"交通圈[①]。这也将为粤港澳大湾区吸引更多的客流，进一步加速粤港澳大湾区旅游合作与发展。

2. 三地旅游资源优势互补

粤港澳大湾区各城市间旅游资源和产品存在内在差异，形成互补性强的

[①] "12312"交通圈，即大湾区主要城市间1小时通达，大湾区与粤东西北各市陆路2小时左右通达，与广东周边省会城市陆路3小时左右通达，大湾区与全球主要城市12小时通达。

旅游资源。首先，香港、澳门作为知名国际旅游目的地，拥有较长的旅游发展历史和发展经验优势，在旅游政策制定和旅游规范管理等方面相对大湾区内地九市更有经验。其次，大湾区内地九市凭借自然旅游资源和地缘优势，弥补港澳旅游低承载力的缺陷，成为港澳入境国际游客的集中承接地。三地利用不同的旅游资源优势，形成差异性互补，打破各自为营的固有格局，不仅丰富了粤港澳大湾区的旅游产品体系，为游客提供了更多选择，也为三地旅游业合作提供了巨大空间。

3. 三地旅游合作不断深化

近年来，粤港澳大湾区旅游交流合作十分密切。2014年，中国（广东）自由贸易试验区的设立，为粤港澳三地的旅游合作打通了政策壁垒，提供了巨大合作空间，粤港澳游艇自由行成为三地合作的成功样本。2015年，广东省旅游局、香港旅游发展局、澳门特区政府旅游局在中国（广东）国际旅游业博览会上联合发布了粤港澳五条"一程多站"旅游新线路，扩展了粤港澳三地旅游合作新领域。2018年，粤港澳大湾区城市旅游联合会第一次成员大会在广州召开，会上推出粤港澳大湾区包括人文历史游、世界遗产游等10条各具特色的旅游线路。此外，深港高铁和港珠澳大桥的相继开通也给粤港澳三地合作提供了新的契机，"大桥+香港+顺德""大桥+香港+珠海""珠澳海湾+珠海"等联游线路受到游客热捧，这是在"一程多站"旅游线路的基础上进一步深化三地旅游合作，加快粤港澳大湾区旅游业的发展。

二 粤港澳大湾区旅游合作与发展面临的问题

（一）粤港澳三地特殊的机制体制，阻碍了旅游合作步伐

1. 三地市场经济体制和社会制度的差异

在"一国两制"政策下，广东与港澳在政治经济制度、社会管理模式

等方面都存在着较大的差异。中国内地实行的是社会主义市场经济，注重市场和政府的共同作用；港、澳两地实行的是资本主义的自由市场经济，强调经济管理在市场自主调节下运作，减少行政干预。不仅粤港澳大湾区在市场经济体制和社会制度上的差异，会造成人流、信息流、资金流等资源要素的流动壁垒，而且三种货币差异带来的货币兑换问题，也将提高三地旅游合作的时间成本，阻碍三地旅游合作的步伐。

2. "三个独立关税区域"存在关境政策障碍

粤港澳大湾区三地分属三个不同独立关税区，为粤港澳大湾区的旅游合作与发展带来了一定程度上的困难。首先，在游客流动方面，游客在粤港澳大湾区三地间往来属于出入境管理，而烦琐的出入境管理条例降低了出行通关效率，增加了游客时间成本。其次，在人才流动方面，由于内地与港澳的行业准入资质标准有所不同，专业人才双向就业有一定限制，造成人才、信息等要素的跨境流动障碍[1]，不利于粤港澳大湾区实现旅游人才优势互补以及旅游资源共享，从而阻碍粤港澳大湾区旅游合作与发展的进一步深化。

3. 港澳高度自治权下的大湾区合作尚缺乏法律实施机制

粤港澳大湾区三地的法制在"一国两制"下缺乏统一的法律实施机制。港澳拥有高度自治权，粤港澳大湾区旅游合作在政策协调沟通和法律适用上缺乏法制基础。粤港澳大湾区政策规划主要由国家发改委牵头制定，政策制定后的落实情况还需要三地政府的共同努力。虽然广东与香港、澳门签署了合作框架协议，出台了《广东省人民政府关于促进旅游业改革发展的实施意见》等政策，但三地旅游合作仍依赖于政策推动，缺乏法制化和可问责的法律实施机制，造成政策落地困难，是制约粤港澳大湾区旅游合作和发展的主要制度障碍之一。

---

[1] 毛艳华：《粤港澳大湾区协调发展的体制机制创新研究》，《南方经济》2018年第12期。

第二章 粤港澳大湾区旅游合作与发展研究

(二) 旅游经济发展不平衡，加大了粤港澳大湾区旅游合作难度

1. 粤港澳大湾区旅游业发展不平衡

粤港澳大湾区各城市旅游业发展水平存在较大差距，不平衡的发展特征降低了大湾区旅游业发展整体效益的提升速度。以2017年为例，通过比较各城市对粤港澳大湾区旅游产值以及接待游客总量的贡献率[①]，将粤港澳大湾区各城市旅游业的发展水平分为三个梯队：第一梯队（大于15%）、第二梯队（5%~15%）、第三梯队（小于5%）。如图3所示，广州、深圳、香港属于第一梯队；佛山、江门、惠州、东莞、澳门属于第二梯队；珠海、肇庆、中山则属于第三梯队。大湾区旅游业处于多梯度不平衡发展阶段。

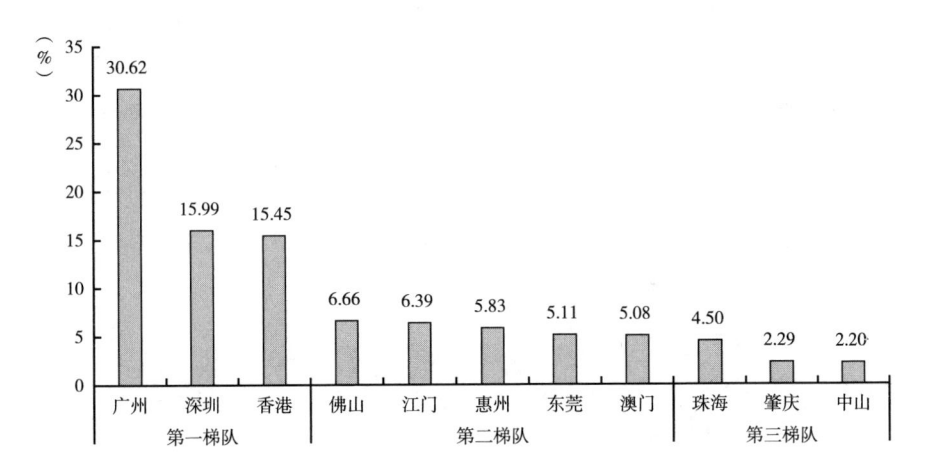

图3 2017年各城市对粤港澳大湾区旅游产值以及接待游客总量贡献率均值

资料来源：《广东省统计年鉴（2018）》《香港统计年刊（2018）》《澳门统计年鉴（2018）》。

2. 粤港澳大湾区入境旅游发展不平衡

近年来，粤港澳大湾区入境旅游发展处于关键时期，不平衡特征显

---

① 各城市对粤港澳大湾区旅游产值贡献率 =（各城市旅游收入/粤港澳大湾区总旅游收入）×100%；各城市对粤港澳大湾区接待游客总量贡献率 =（各城市接待游客量/粤港澳大湾区接待游客总量）×100%。

著。一方面，本文通过以粤港澳大湾区各市接待的入境过夜游客数代替国民收入①，计算出粤港澳大湾区 2015～2017 年入境基尼系数②均超过 0.5，并且维持在 0.57 左右③，这说明大湾区入境旅游发展不平衡，存在较大的差距。另一方面，从各市接待入境过夜游客的数据来看，粤港澳大湾区各市入境旅游的发展存在多极格局。以 2017 年各城市对粤港澳大湾区入境旅游市场发展的贡献率为基础，将粤港澳大湾区各市入境旅游发展水平分为三个层级：第一层级（大于 20%）、第二层级（10%～20%）、第三层级（小于 10%）。如图 4 所示，香港、澳门位于第一层级；深圳、广州位于第二层级；其余 7 市位于第三层级。粤港澳大湾区的入境旅游呈现明显的东重西轻、不平衡的格局。

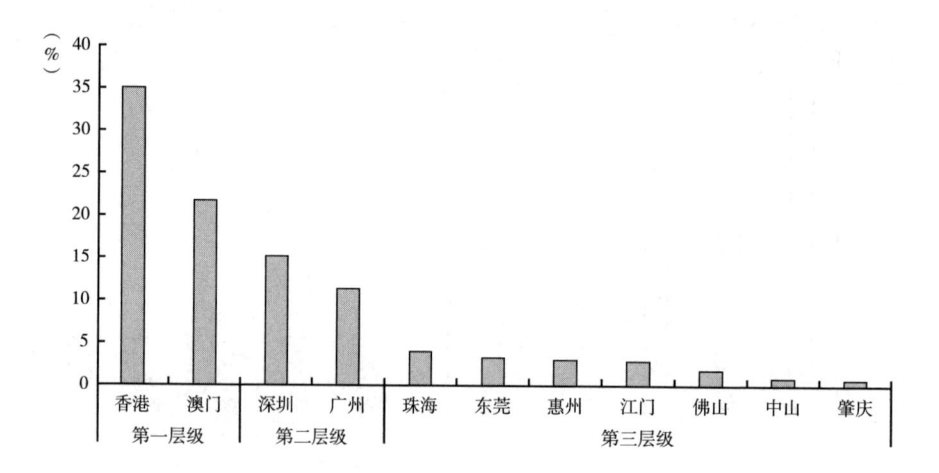

图 4　2017 年各城市对粤港澳大湾区入境旅游市场发展的贡献率

资料来源：2018 年度《广东省统计年鉴》《香港统计年刊》《澳门统计年鉴》。

---

① 保继刚、叶晓璇：《粤港澳大湾区入境旅游空间格局与新态势》，《中国房地产》2019 年第 8 期。
② 基尼系数是国际通用的、用于衡量国家或地区收入是否平等的指标，系数的值介于 0～1 之间，超过 0.5 视为发展差距悬殊。
③ 粤港澳入境基尼系数 $= \frac{2}{n} \times \left(\sum_{i=1}^{n} i \times y_i \right) - \frac{n+1}{n}$，其中，$y_i$ 是 i 城市入境过夜游客数占粤港澳大湾区入境过夜游客总数的比重，按照升序排列，即 $y_1 < y_2 < \cdots < y_n$。

（三）粤港澳大湾区旅游业和合作亟待转型升级

1. 粤港澳大湾区旅游产品转型升级迫在眉睫

粤港澳大湾区拥有丰富的旅游资源，但大湾区旅游产品仍面临着同质化严重、形象固化、认知度较低等问题。首先，大湾区内地九市传统文化旅游线路的开发多数停留在模仿式的营销阶段，基本模式为"交通＋景点＋食宿"，尽管有着根深底厚的传统文化财富，但受限于多年一贯制的展示形式，各市缺乏创造性新内容，旅游发展缺乏联动，旅游吸引力不强。其次，提及香港、澳门旅游，人们产生的便是"购物天堂"以及博彩旅游的固有观念，在一定程度上形成了思维固化，这对城市旅游的开发和创新造成阻碍，较难获得游客新维度的认同感。最后，江门、肇庆等城市景点项目单一，知名度不高，主打的美丽乡村游景点比较偏远，"一日游""两日游"的旅游产品设计模式仍是沿袭基本观光旅游的传统套路，市场竞争力较弱，对于自助游、自驾游游客缺少吸引力。

2. 粤港澳大湾区旅游合作亟待转型升级

首先，近几年粤港澳大湾区旅游合作模式的开发主要集中在香港、澳门、广州、珠海等城市，而江门、中山等旅游业发展较为缓慢的城市与大湾区内各城市的旅游合作不够深入。尽管港珠澳大桥的开通成为推动江门、中山等城市旅游业加入粤港澳大湾区的契机，但这仅是空间地理上的硬连接，而包括三地联检、通关流程等一系列涉及边检、通关、管理的软连接还不够便捷。[①] 其次，粤港澳大湾区旅游合作机制多以会议、协商等方式实现，缺少具有权威性的旅游合作协调机制。同时，市场调节机制在粤港澳大湾区旅游合作的某些环节中存在不作为现象，造成大湾区旅游业的规模不经济、不正当竞争等行为发生，从而降低旅游经济的发展效率。[②] 这些问题都表明粤

---

① 陈文杰、梁增贤：《港珠澳大桥　重构粤港澳旅游发展格局》，《中国旅游报》2017年10月20日。
② 秦学、李秀斌：《粤港澳旅游合作的障碍及路径选择》，《改革与战略》2010年第1期。

港澳大湾区距离实现旅游一体化目标仍有很长的道路要走,需要大湾区内各城市的相互配合、统筹协调,加快粤港澳大湾区旅游合作转型升级。

三 粤港澳大湾区旅游合作与发展经验借鉴

(一)构建一体化旅游合作机制经验借鉴

欧盟是当今世界旅游合作最具有代表性的区域。为促进其旅游一体化进程的快速发展,欧盟在统一政策环境、消除流动壁垒、成立合作机构等方面做出了努力。

案例1:完善旅游合作机制,加快旅游一体化进程

欧盟为促进区域内旅游合作一体化发展进程,从以下三个方面入手:一是构建统一的政策环境。1990年,欧盟通过首个旅游业文件《关于欧洲共同体旅游政策的主要原则》;1993~1996年,欧盟区域旅游合作行动计划首次执行,此后每年都会制定欧盟旅游合作行动计划,对区域旅游合作做出一年的合理规划;1997年,欧盟发布科学的旅游合作行动纲领,推动欧盟各国旅游合作一体化进程。二是使用统一货币和取消边境检查。1999年,在货币统一方面,欧洲中央银行担任起欧元区货币政策制定者和实施者的角色,实现了使用统一货币欧元的目标,欧元进入外汇市场。1995年,在边境检查方面,《申根协定》在德国、法国、西班牙等7个国家生效,该协定规定游客只需获取任意申根国家签证,便可自由出入所有申根国家。截至2013年底,申根区成员已经扩展到26个国家。欧元区和申根区的启动,实现了欧盟各国国民过境免签与货币免除兑换,对加快欧盟旅游一体进程产生重大影响。同时,为加强区域间就业人员跨境流动,欧盟建立了职业资格认证体系,为技能人才就业资质认证建立了参考标准,消除了人才流动壁垒。三是成立稳定的合作机构。1986年，旅游一体化机构"旅游咨询委员会"的设立，促进了欧盟各国旅游的紧密合作。1989年，欧盟旅游局成立，区域各国旅游一体化逐步走向规范。此外，从2000年开始，每年开设的"欧盟年度旅游论坛"为各国相互借鉴旅游发展中的成功经验提供平台，加强了区域旅游合作关系。

资料来源：王兴斌：《欧盟区域旅游一体化的启示》，《中国旅游报》2014年1月3日，第6版。

（二）统筹大湾区旅游协同发展经验借鉴

亚太地区包括东亚的中国、日本、俄罗斯远东地区和东南亚的东盟国家，其旅游市场是世界六大旅游区之一，但亚太地区各个国家旅游发展水平不尽相同。为促进旅游协同发展，亚太地区在创新旅游模式和加强联合旅游推广营销方面做出努力并取得了成效。因此，亚太地区在旅游协同发展方面的经验对我国粤港澳大湾区旅游合作与发展具有重要的借鉴意义。

案例2：突破瓶颈，加强地区旅游协同发展

亚太地区通过以下几个方面促进地区旅游协同发展。一是推行智慧旅游模式。亚太地区通过收集各国旅游资源和数据，依靠专业技术人员处理各国旅游数据以及运用旅游数据推行智慧旅游模式，促进了各国旅游业与互联网产业互联互通，为游客提供高水平服务的旅游市场。如印尼最大的智慧旅游平台Traveloka，其旅游业务网络覆盖泰国、菲律宾、越南等多数国家；亚太旅游联合会涵盖包括中国、美国、日本、新加坡等41个国家旅游机构，收集分析亚太各国旅游资源、旅游经营研究机构及旅游教育机构等多种旅游行业数据,加强各国旅游数据共享,促进亚太地区旅游协同发展。二是加强联合推广营销。中国、马来西亚、新加坡、泰国等国家联合组建亚太旅游协会,定期举办不同主题的亚太旅游论坛,通过旅游展会、旅游推介会等渠道对亚太地区旅游产品进行整体化营销,面向世界各地进行宣传推广,提升地区旅游品牌国际知名度,吸引更多的国际游客。

资料来源:杨劲松:《建设亚太命运共同体旅游将有更大作为》,《中国旅游报》2018年11月21日,第3版。

(三)旅游业与合作转型升级经验借鉴

环渤海地区是由京津冀、辽东半岛、山东半岛三大部分组成,位于我国东北亚经济圈的中心地带,是我国东北沿海地区最具吸引力的旅游目的地。为促进旅游业的快速发展,环渤海地区在良好的旅游合作基础上,从旅游产品和旅游合作转型升级两个方面着手,促进地区旅游业加快发展。

案例3:加快旅游业与合作转型升级,促进旅游业快速发展

环渤海地区从以下两个方面促进区域旅游业的快速发展。一是促进旅游产品转型升级。传统自然景点观光的简单旅游模式已无法满足人们的休闲旅游需求。近年来,环渤海地区在涵盖文化、乡村、教育、休闲等复合型的旅游产品上进行了转型升级。第一,运用多样的艺术节会形式,以特色生态、民俗文化为切入点,挖掘文化资源,推出一系列具有教育功能的精品文化旅游线路。第二,扩展乡村旅游,包括农家乐、渔家乐等集观光、休闲、度假于一体的乡村游。第三,拓展研学游、滨海游、购物游等。围绕"华夏文明+",拓展古书法游、名人故居游、华夏文明游学体验等;

> 围绕"滨海+"，拓展滨海休闲度假游、邮轮旅游等。二是促进区域旅游合作转型升级。第一，共同建立基于"加强联合、统筹发展、构建区域旅游一体化"指导思想的环渤海地区旅游合作机制，制定环渤海区域旅游合作的战略，共同处理区域旅游合作问题。第二，建立"环渤海（5+6）省区市旅游质监执法协作体"区域合作机制，通过完善区域内旅游质监执法工作体系，加大旅游服务质量监管力度，及时发布旅游信息，进一步提高了旅游质监的办案能力和工作效率，为游客营造规范、安全的旅游环境。
>
> 资料来源：高燕：《11省区市携手规范旅游市场秩序》，《大同晚报》2016年8月11日。

四 促进粤港澳大湾区旅游合作与发展的对策措施

（一）机制体制创新：构建旅游一体化合作机制

1. 完善粤港澳大湾区城市群旅游发展规划

加快粤港澳大湾区旅游合作与发展步伐，可借鉴欧盟经验，编制大湾区旅游发展规划。第一，以资源为基础，以市场为导向，统一组织编制高标准、可持续、符合粤港澳大湾区实际的《粤港澳大湾区城市群旅游发展规划》，并将重点旅游项目、乡村旅游景点、休闲旅游区建设规划落实到线、细化到点，充分发挥规划在大湾区旅游合作与发展的引领作用。第二，加强已出台旅游规划的协调衔接，加大粤港澳大湾区各城市旅游业深度和梯度的开发，促进各市旅游业错位化、联动化发展，形成步调一致、齐抓共管的大湾区旅游发展局面，发挥强大合力。第三，建立粤港澳大湾区旅游目的地评价指标体系，用于评价各城市作为旅游目的地的现状水平，根据不同城市对比调整旅游目的地建设的方向和规划。第四，加快粤港澳大湾区各城市重点景区、核心旅游项目治理规划的出台落地,明确景区开发主体,以稳定客流为目的,规范市场运营,实现资本与资源整合。同时,加强景区旅游项目规划储备,并把规划转化为年度计划,扎实推进,确保规划落实到位。

2. 突破体制制约,构建合作机制

面对粤港澳大湾区特殊的体制机制,在利用体制差异所产生互补优势的同时,必须突破这种差异对大湾区旅游业合作与发展的阻碍,建立联结三地的合作机制,加快旅游合作步伐。

第一,决策共商,完善粤港澳大湾区旅游一体化合作机制。首先,建议建立粤港澳大湾区区域旅游统筹协调机制[1],鼓励三地积极行使旅游发展的管理职能,打破各城市旅游资源要素分割状态,消除要素流动壁垒和不正当竞争,从制度上保障大湾区旅游发展的合力。其次,建议推动粤港澳大湾区旅游企业战略联盟和旅游协会的成立,为大湾区旅游合作与发展提供具有建设性和可操作性的旅游政策咨询建议,实现多维创新突破。[2]

第二,联合制定适用于粤港澳三地的行业标准。在三地旅行社执业资质和旅游从业人员专业资格跨区域互认方面,可借鉴欧盟经验,建立职业资格认证体系,探索三地都可接受的、切实可行的认证标准,保证三地旅游从业人员自由流动,实现旅游人才优势互补以及旅游资源信息共享,保障粤港澳大湾区旅游合作与发展的顺利进行。

第三,促进人员往来便利化。一方面,扩大合作口岸综合通过能力,利用信息化、电子化等手段增设通关渠道,推进诚信快捷通关平台和自助查验通道建设。同时,加快推进口岸设施设备优化升级,提高口岸服务品质。另一方面,进一步简化三地出入境签证手续,优化"72小时过境免签"政策,推动大湾区内地九市"144小时过境免签"政策落地,扩大合作口岸"一地

---

[1] 周人果:《粤港澳大湾区城市旅游联合会在穗召开》,《南方日报》2018年4月25日,http://economy.southcn.com/e/2018-04/25/content_181635813.htm。

[2] 庄伟光、武文霞、邹开敏:《粤港澳大湾区旅游协同高质量发展》,《广东经济》2019年第4期。

两检"和 24 小时通关适用范围，推广"合作查验、一次放行"的模式①，实施更快捷的通关流程，不断提高游客出入境便利化水平。

3. 以广东自贸区为平台不断推进旅游业开放进度

广东自贸区于 2014 年底正式获批。2018 年，国务院发布《进一步深化中国（广东）自由贸易试验区改革开放方案》，要求广东自贸区到 2020 年实现"两区一枢纽"②的定位。因此，粤港澳大湾区旅游合作与发展要将广东自贸区作为重要创新试验平台，加快大湾区旅游业的开放进度。

首先，积极响应国务院提出的在自贸试验区内设立港澳资旅行社，经营内地居民出国（境）（不包括台湾地区）团队旅游业务，进一步扩大对港澳旅游业的开放程度。其次，可率先在自贸区启动粤港澳三地电子支票联合结算试点，便捷化游客跨境消费支付方式，实现三地支付结算系统顺利对接。③最后，支持自贸区建设国际旅游岛，促进粤港澳大湾区整体开放，带动旅游业发展。积极复制推广珠海横琴与澳门两地旅游业在客源互送、旅游信息规划合作、人才合作等方面的经验，借鉴横琴口岸与澳门 24 小时通关、粤港澳游艇在横琴自贸区先行先试的自由行、澳门单牌车便利进出横琴等加强珠澳旅游合作开放的措施。

（二）旅游资源协同：统筹粤港澳大湾区旅游协同发展

1. 强化优势互补，全面整合大湾区旅游资源

粤港澳大湾区涵盖的城市都有着各具地方特色的丰富资源，要明确不同城市在大湾区旅游合作与发展中的定位，以旅游资源为基础，以文化因素为依托，以交通设施为纽带，充分利用各市旅游优势推进大湾区全域旅游，加

---

① 庄伟光、武文霞、邹开敏：《粤港澳大湾区旅游协同高质量发展》，《广东经济》2019 年第 4 期。
② "两区一枢纽"，即开放型经济新体制先行区、粤港澳大湾区合作示范区，高水平对外开放门户枢纽。
③ 雷爱侠、吴春燕：《广东自贸区：打造粤港澳大湾区合作示范区》，《光明日报》2018 年 11 月 20 日，第 9 版。

强各地区旅游业发展的内部联系。在大湾区一体化发展的态势下，将优质资源进行高密性整合，形成各具特色的三大城市群旅游路线。

第一，形成香港—深圳—东莞—惠州城市群旅游线路。结合香港的中西合璧、深圳的滨海资源、惠州的山林温泉、东莞的人文旅游资源等旅游产品，打造国际化都市旅游主题公园、商务综合游、村落文化旅游、海滨休闲旅游等特色旅游项目。同时，充分发挥深圳、香港对东莞、惠州旅游的辐射作用，带动东莞、惠州的旅游业发展，形成联动效应，合力打造世界级海滨旅游湾区和世界级商务休闲度假中心。

第二，形成广州—佛山—肇庆城市群旅游线路。广佛肇是广东著名革命老区之一，深入挖掘整合广佛肇红色旅游资源，包括革命遗迹和名人故居等，加大红色旅游路线开发力度，打造红色旅游品牌。首先，挖掘整理红色旅游资源，建立红色旅游项目库，健全红色旅游产品体系。[①] 其次，广佛肇三市旅游局合作牵头，规划以岭南风情文化为依托的红色旅游路线，建立以广州为中心，辐射佛山、肇庆的旅游格局。最后，加大红色旅游宣传力度。深刻解读红色文化新时代内涵，运用线上线下相结合的宣传模式设计推广活动，提升广佛肇红色旅游的知名度和吸引力。

第三，形成澳门—珠海—中山—江门城市群旅游线路。首先，澳门是旅游娱乐休闲之都，珠海是澳门游客出入集散地，应以珠澳旅游合作为支撑，借助横琴自贸区建设国际休闲旅游岛的政策优势，发展海岛游、海岸度假休闲区等旅游项目，打造澳珠世界休闲游乐中心。其次，打造联合旅游路线。中山拥有"孙中山故居"的著名历史景点，江门以"小鸟天堂"著称，有着丰富的碉楼、温泉等优质资源。利用澳珠中江旅游资源互补优势，打造"澳门博彩娱乐游＋大香山文化游＋珠江海岛休闲游＋历史村落游"的联合旅游路线[②]，将娱乐、民俗、生态、历史结合，推进澳珠中江旅游资源整合。

[①] 温朝霞、谭颖华：《广佛肇红色旅游资源整合与协同发展研究》，《广州城市职业学院学报》2016年第1期。

[②] 梁元东：《珠中江与澳门旅游业联动发展路径选择》，《岭南学刊》2015年第5期。

第二章　粤港澳大湾区旅游合作与发展研究

2. 强化资源共享，共建粤港澳大湾区旅游大数据平台

建立粤港澳大湾区旅游大数据平台，依托大数据进行理性决策，可借鉴亚太地区在推行"智慧旅游"模式方面的经验，充分利用现代信息技术和互联网应用，加强大湾区旅游资源共享。一是加强顶层引领。建立大湾区各城市政府旅游数据共享的统一标准和规范，优化治理机制，完善智慧旅游大数据标准管理平台，并对数据管理流程、应用效果评估、数据应用安全、开发与应用等方面做出规定。二是夯实基础工程。各城市共同召开大湾区旅游数据采集工作推进会，建立旅游基础数据采集工作分组，负责各市旅游数据的收集、整理和筛选，以及与各市公安、旅游、交通等相关部门按时对接、协同合作。根据需求构建大数据共享平台和数据监测分析系统，包括旅游数据交互采集平台、游客数据分析系统、景区客流监测系统、景区智能自助系统等，加强粤港澳大湾区旅游大数据平台基础工程建设。三是加强人才队伍建设。成立粤港澳大湾区旅游大数据研究中心专家委员会，加强与著名院校、权威机构、实力企业的合作，建立健全大湾区高质量、创新型大数据人才培养机制，培养大数据高端应用型人才，推进大湾区旅游大数据人才智库建设。四是打造旅游新模式。以"大数据+大旅游"模式提高旅游服务精准度。在创建智慧景区试点基础上，配套智慧旅行社、智慧酒店等智慧旅游应用，创新游客体验及消费模式，全面提高旅游服务质量。以"大数据+文化"模式拓展旅游合作空间。寻找粤港澳大湾区风俗文化的精准契合点，利用现代信息技术手段，活化串联各市旅游特色民俗和历史典故，为游客带来全新的旅游感受。

3. 加强联合推广营销，提高粤港澳大湾区旅游品牌认可度

为促进粤港澳大湾区旅游业快速发展，可借鉴亚太地区加强旅游联合推广促销的经验，加大大湾区联合营销宣传力度，提高大湾区旅游品牌知名度和认可度，打造城市群旅游名片。

第一，促进旅游营销推广一体化。一是成立涵盖大湾区各市旅游、交通、互联网等多个行业的"粤港澳大湾区旅游联合推广营销联盟"，整合各城市旅游宣传资源和平台，形成营销推广合力，推动大湾区旅游由分散、独立的旅游营销逐步向城市群、全湾区旅游宣传推广转变，加强旅游信息的有效整合。二是实行"粤港澳大湾区旅游合作首席信息员"制度，在各市旅游局、重点旅游景区等旅游单位聘用首席信息员，发挥首席信息员的积极性和主动性作用，形成旅游信息宣传合力，实现信息互通共享，营造大湾区旅游宣传营销的浓厚氛围。

第二，拓宽渠道强化旅游宣传推介。一是组织参加宣传推介会。加强与国家级景区、各市旅行社、旅游商品大企业的对接合作，积极组织各市旅游部门、旅游企业报名参加各类博览会、交易会、洽谈会等宣传推介会，多层次、多角度、全方位宣传粤港澳大湾区旅游品牌。二是依托网络宣传推介。加强传统媒体和新媒体的交叉使用，加大大湾区旅游宣传广告的投放力度，充分利用旅游网络营销平台发布大湾区最新旅游动态、旅游画册、旅游宣传片，做到旅游宣传有空间、广覆盖。

第三，丰富大湾区节会宣传。充分挖掘利用粤港澳大湾区特色旅游产品和民间民俗文化，举办以"食在广东"为主题的美食文化节，以"岭南文化""客家文化""侨乡文化"等为主题的民俗文化节。同时，精心策划推广具有标志性重大旅游节庆活动品牌，通过政府搭台、企业唱戏、媒体推广的方式，实现宣传的聚合效应和放大效应，提升大湾区旅游品牌知名度。

（三）产业体系升级：打造世界级旅游目的地

1. 逐步完善大湾区的旅游业空间布局

多中心空间布局模式与点轴空间布局模式为粤港澳大湾区旅游业提供了可借鉴的开发模式，坚持极点带动、轴带支撑、辐射周边的大湾区旅游发展格局，促进全域旅游快速发展。

第一，针对极点带动。强调将香港、澳门、广州、深圳作为粤港澳大湾区旅游发展的四大核心城市，带动其余城市的旅游业发展。一是强调香港作为粤港澳大湾区国际旅游枢纽作用，利用香港在海陆空和铁路方面跨境联系优势，加强与深圳、东莞、惠州的旅游合作，推广"一程多站"行程，打造多元化的旅游目的地。二是打造澳门成为世界休闲旅游中心。首先，做好顶层设计，在落实国家旅游规划过程中，争取为澳门量身定制建设世界旅游休闲中心的政策。其次，推进澳门与内地的全方位合作，发挥澳门旅游优势作用，利用推进横琴国际休闲旅游岛建设和珠海国际商务休闲区建设的新契机，探索粤澳旅游合作新模式。三是强调广州作为国际都市的引领作用，拓展广州市旅游功能区，利用广州作为华南地区交通枢纽优势，发挥"旅游+"强大的渗透力，发展具有多功能、多层次、全领域特点的旅游业。四是强调深圳作为创新创意之都的引领作用。鼓励深圳重点发展高科技含量、文化创意、艺术体验等新兴旅游业态，利用国家旅游局海外办事处平台扶持深圳继续开拓欧美和日、俄、印等重点市场，扩大深圳旅游业规模。

第二，针对轴带支撑。依托快速交通网络以及港口群和机场群，构建大湾区旅游业发展轴带。完善港深莞穗核心轴建设以加强东西联动，带动西岸次轴大湾区联通空间重构，并在核心发展轴和珠江西岸次轴的融合发展下扩大大湾区辐射范围，统筹协作推动空间由多中心转向网络化。发挥港珠澳大桥与南沙大桥作用，加快建设深（圳）惠（州）通道、深（圳）茂（名）铁路等重要交通设施，优化完善港深、澳珠的路网规划衔接，促进东西两岸旅游业协同发展。

第三，针对辐射周边。强化惠州、珠海、东莞等七市与香港、澳门、广州、深圳四大中心城市在旅游业上的互动合作，充分利用市场推动力，促进中心城市更多旅游资源和要素向大湾区其余七市的流动，加强对周边城市特色旅游小镇、滨海旅游、农村旅游等旅游项目的带动作用，引领珠江东西两岸旅游业进一步发展。

2. 积极打造旅游新业态，构建多元旅游产品体系

为打造粤港澳大湾区旅游新业态，可借鉴环渤海地区在促进旅游产品转型升级方面的经验，推动粤港澳大湾区旅游产品结构从观光型向休闲度假、文化体验、科普教育等复合型方向转变，构建全面化、多样化、特色化的旅游产品体系。

第一，海洋旅游，加快开发"海洋—海岛—海岸"立体旅游格局。一是海岛旅游，挖掘丰富多样的海岛资源，探索开发以旅游服务为主要功能的无居民海岛，突出生态资源优势，在利用海岛自然生态资源基础上发展生态体验、自然观光、休闲度假等旅游活动。二是邮轮旅游，加快香港、深圳、广州国际邮轮港建设，增加国际邮轮航线，打造国际游艇旅游自由港，探索澳门与大湾区周边城市国际游艇旅游路线，创新跨境旅游产品。三是海上旅游路线，推进粤港澳近海旅游圈建设，增设海上精品旅游路线。

第二，文化创意旅游。发挥港澳中西文化交会、广东广府、岭南等传统文化的优势，开展文化创意游。详细梳理粤港澳大湾区各城市特色文化旅游资源，深入挖掘文化资源的历史社会价值，开展文化资源调研，强化各市文化资源的关联性和故事性，设计历史文化街区游、非物质文化遗产游、海上丝绸之路文化遗产游等文化旅游线路。同时，加强建设文化主题公园、文化创意园区、旅游影视基地等新型业态，丰富大湾区文化旅游产品体系。

第三，乡村旅游。大力实施乡村振兴战略，开展美丽乡村治理行动，挖掘肇庆、江门、东莞等乡村民俗文化，保留地域特色，创新旅游体验方式，推进美丽乡村建设与乡村观光旅游休闲相结合，开发田园农业旅游、民俗风情旅游、农家乐、渔家乐等旅游模式。

第四，研学旅游。依托爱国主义教育基地、历史遗存建设、红色旅游景区景点等建设主题鲜明、体验丰富的研学旅游示范基地，推动研学旅游产品研发，创新研学旅游品牌培育，规范研学旅游服务管理。

3. 延伸旅游业链条，增强产业融合效能

旅游业是粤港澳大湾区经济发展中的朝阳产业，具有带动力强、关联度高的优点，是拉动大湾区内经济增长的重要抓手。以旅游业为中心，加强与农业、工业、商贸、互联网等相关产业行业的横向融合，延长旅游业链条，激活大湾区旅游发展活力，释放旅游经济发展红利，开辟旅游发展新空间。

第一，旅游与农业融合。强化大湾区内农村旅游规划引领，加大交通、住宿、餐饮等乡村旅游公共服务体系建设，培育休闲游、生态游、农业体验游等农旅融合产业，创新特色民宿、民俗活动设计，打造粤港澳绿色农副产品生产供应和集散观光基地，发展不同类型的农村农业旅游综合体。同时，支持和引导当地农民、返乡农民工、专业技术人员等开展乡村旅游项目，促进农业产业链延伸、价值链提升，带动农村发展、农业升级、农民增收。

第二，旅游与工业融合。积极打造大湾区"观光工厂"旅游模式，开发工业科普旅游、工业科技体验旅游等工业旅游线路，展示工业发展文明成果，促进工业产品向旅游商品转变；研究开发休闲游、户外游等旅游用品，加快培育大湾区旅游装备制造业；依托大湾区各城市的知名工业企业，优化旅游工业园区和旅游商品生产基地布局，积极延伸"旅游+工业"产业链，实现产业集聚，做大旅游业规模。

第三，旅游与商贸融合。培育粤港澳大湾区旅游商品研发、生产、销售的高水平企业，加大对特色旅游商品、老字号商品的营销推广力度；弘扬广东美食文化，打响名食品牌，加快建设具有餐饮、购物、娱乐功能的综合性旅游聚集区；鼓励特色优质旅游商品进驻大湾区沿线旅游购物区，增加免税商品购物店的设立，提高游客旅游消费意愿。

第四，旅游与互联网融合。积极拓展互联网现代信息技术在旅游管理、旅游营销和旅游公共服务等方面的应用，建设粤港澳大湾区智慧旅游城市、景区和企业；培育以智慧旅游为主营业务的企业，利用互联网服务与管理手段提高经营效率，通过网络宣传、网络营销促进旅游商品销售，实现企业增收，提高大湾区智慧旅游知名度。同时，借鉴成功经验整合大湾区上下游及平行旅游企业资源，壮大在线旅游平台企业数量规模，扩大旅游业新业态圈，推动"旅游+互联网"跨产业融合。

4. 打造创新型国际化旅游环境，推动旅游休闲提质升级

在粤港澳大湾区游客数量增长、出游时间更加集中、出游形式更趋多元的形势下，为促进大湾区旅游业持续健康发展、合作力度进一步加大，可借鉴环渤海地区在净化旅游市场环境方面的经验，积极采取有效措施，提高大湾区旅游设施配套能力，规范大湾区旅游市场秩序，营造和谐、有序、安全的旅游环境。

第一，优化旅游发展环境。一是构建高标准旅游服务体系。提高大湾区旅游集散中心和旅游咨询体验中心服务质量和效率，加快建设集旅游咨询、旅游购物、快捷餐饮、旅游体验等服务于一体的大湾区旅游服务区，完善信息咨询、产品营销、综合服务等功能，推动全域旅游服务高标准、高质量建设。二是加快旅游配套服务设施建设。高水平规划建设大湾区星级酒店和地方旅游餐饮设施，加强大湾区旅行社间的业务联系能力，全面提高大湾区旅游承载能力和服务质量。三是完善"快行慢游"的路网体系。结合大湾区滨海旅游度假区、乡村旅游等旅游模式，设计旅游专线、乡村绿道、自行车慢道，打造精品旅游线路。

第二，提高旅游服务质量。一是规范旅游市场，以"政府引导，行业自律"为主[1]，净化大湾区旅游市场环境。将大湾区十一个城市纳入诚信企业"红名单"制度范围[2]，加强对大湾区旅游市场的联合监管，加大对"不合理低价游""非法港澳游"等存在消费欺诈、强迫购物、擅自变更旅游行程等违法行为的执法检查力度。同时，提高联合处置旅游突发事件和旅游投诉的工作效率，完善旅游纠纷处置机制。二是要加强对景区、旅行社等相关行业从业者的培训和管理，提高从业人员的素质，杜绝资质不够的企业、从业人员进入旅游市场。同时引进国际高水平旅游人才、带动大湾区旅游人才"走出去""引进来"，学习旅游业发达国家先进的运营管理理念和经验，提高旅游服务质量。

---

[1] 吴开军：《粤港澳大湾区旅游业发展状况及竞争优势提升路径》，《广西社会科学》2019年第4期。
[2] 周人果：《粤港澳大湾区城市旅游联合会在穗召开》，《南方日报》2018年4月25日，http：//economy. southcn. com/e/2018 – 04/25/content_ 181635813. htm。

· 第三章 ·

粤港澳大湾区科技创新合作与发展研究

何传添 林创伟 孙波 郑庆胜[*]

一 粤港澳大湾区科技创新合作与发展潜力巨大

(一) 粤港澳大湾区科技创新合作与发展有坚实的基础

改革开放40年来,粤港澳科技创新紧密合作成效显著,为新时代粤港澳大湾区深化科技创新合作与发展打下坚实基础。2017年,粤港澳大湾区GDP总量超过10万亿元人民币,大湾区内约有70万名科研人员,共有国家级实验室40多个。2012~2016年,大湾区内的发明专利申请量增加了1倍。

1. 经济规模和金融实力与世界级湾区相匹配

2017年,粤港澳大湾区的GDP总量超过10万亿元人民币,达到1.5万亿美元,低于东京湾区的1.8万亿美元,超过纽约湾区的1.4万亿美元及旧

---

[*] 作者简介:何传添,教授,广东外语外贸大学副校长,研究方向为国际贸易;林创伟,广东外语外贸大学国际经贸研究中心副研究员,研究方向为国际贸易、世界经济;孙波,研究员,广东外语外贸大学国际服务经济研究院(国际服务外包研究院)副院长,研究方向为科技服务业、社会保障和养老服务业、服务经济与贸易;郑庆胜,广东外语外贸大学图书馆馆员,研究方向为区域经济学、图书馆学。

金山湾区的0.8万亿美元,与世界级湾区的经济实力相匹配。

世界一流湾区都是全球及区域的金融中心。纽约湾区被誉为"金融湾区",华尔街拥有纽约纳斯达克证券交易所。美国国内7家最大银行中的6家以及全球近3000家银行、期货、证券、保险及国际贸易等公司的总部都在这里设立机构,金融保险产业占纽约湾区经济总量的16%,在三大湾区中占比最高。东京湾区有日本最大的东京证券交易所,东京证券交易所占日本证券交易量的80%,同时,东京也是日本最重要的银行集中地之一。旧金山湾区的硅谷地区的风险投资非常发达,科技银行推动了科技与金融紧密融合。

目前,粤港澳大湾区内,在香港有香港证券交易所,在深圳有深圳证券交易所,在广州的南沙有商品期货交易所,在珠海及澳门分别有一定规模的债券市场,在湾区已经实施了"深港通"以及"债券通",加强了香港与内地的资本流动。其中,香港作为国际金融中心、人民币离岸中心,其金融业竞争力一直居于世界前列。广州是中国现代金融的发祥地之一,也是当前中国金融业发展最为迅猛的城市之一。2013~2017年,广州金融业增加值增长超过一倍,增速达106%,在中国大城市中排名第一。现在金融业占广州经济总量的比重约为10%,在广州的各产业中排名第5。近年来,广州有3次入选"全球金融中心指数"(Global Financial Centers Index,GFCI),在全球近100个金融中心城市中排名前30位。另外,深圳有平安、招商、中信证券等金融公司,在股份制银行和证券金融方面实力雄厚。

2. 创新型企业与科研力量有坚实的基础

东京湾区的京滨工业区内,聚集了佳能、三菱、索尼、东芝等一大批世界著名企业及其研究所,每年企业研发经费占日本研究与试验发展经费的80%左右。这些企业及机构的强大产业创新能力,奠定了京滨工业区雄厚的管理和科研实力,创造了东京湾的经济奇迹。粤港澳大湾区现在有一批世界一流的创新型企业,包括华为、腾讯、中兴、比亚迪、华大基因、大疆等,是中国国内科创高地,是中国的硅谷。这些企业的PCT国际专利申请量约占全国总量的50%,按照国家和地区排名,位列全球第六;大湾区内的研发经费支出占湾区内经济总量的 2.7%，与德国和美国的占比基本一致；大湾区内拥有 2 万多家国家级高新技术企业，总数居中国第一位；国家级孵化器 83 家，科技企业孵化器 634 家，也位居全国第一；PCT 国际专利申请量占全国的 56%。从大湾区内各区域的国家重点实验室看，广州、香港分别有 30 家、16 家国家重点实验室和伙伴实验室，共有 6 个国家工程技术研究中心，澳门有 1 家国家重点实验室。此外，香港更是有 4 所高校进入全球百强大学，广东省内的中山大学、华南理工大学也是世界知名大学。在世界知识产权组织发布的《2017 年全球创新指数报告》的全球创新集群排名中，东京湾区排名第一，深圳—香港地区排名第二，硅谷所在的旧金山湾区排名第三。这些科技资源，为把粤港澳大湾区打造成世界级科技创新中心奠定了坚实的基础。

3. 产业集群和产业体系的优势凸显

强大的产业集群是世界一流湾区经济成功的重要因素之一。旧金山湾区硅谷片区的名企、名校、人才、资金形成了强大科技产业生态系统，这里有苹果、谷歌、Facebook 等互联网巨头和特斯拉等企业的全球总部。纽约湾区在二战之后，逐渐从制造业经济转型至服务业经济，第三产业（特别是现代服务业）迅速崛起，吸收了大量就业人口，尤其是商业服务业、银行业、证券业的就业人口急剧增长。东京湾区是在雄厚的产业基础上发展起来的，在 100 多年的发展历程中，东京湾区打造出了世界级的京滨工业带及京叶工业带。

粤港澳大湾区的城市各具优势与特色，香港、澳门及珠江三角洲九市的产业基础完整，集聚特色鲜明，科技、金融、制造、商贸等都有较好的基础并融合发展。广州、东莞、佛山是我国重要的制造业基地；深圳在高端制造业、信息技术和科技创新方面优势显著；香港作为国际金融、航运、贸易、资产管理和离岸人民币中心，其专业服务业及金融业汇聚了一大批多元化国际人才；澳门则是著名的全球休闲旅游中心，这些都是打造全球科技中心的优势资源。从产业结构的特征来看，粤港澳大湾区和世界另外三大湾区一样，已由第二产业阶段迈入第三产业阶段。2016 年，粤港澳大湾区的服务业占比已经达到65.44%，远远超过工业33.23%的占比，且第二产业的占比还呈现缓慢下降的趋势。

4. 基础设施与治理机制已具备建设一流湾区条件

世界三大湾区都是依托港口交运的便利，构成了湾区与其国内和全球主要城市之间的海陆空立体交通网，实现了经济发展要素的快速、自由流通，从而在世界经济发展的不同时间段迅速发展起来的。东京湾区的六大港口、纽约湾区的纽约港、旧金山湾区的旧金山港都是世界天然良港。目前，粤港澳大湾区拥有吞吐量分别位于全球第三、第五、第七位的深圳港、香港港和广州港，2016年，该三大港货物运输总量高达6247万标准箱，吞吐量居世界第一位。粤港澳大湾区还拥有世界级的跨海大桥——港珠澳大桥，大桥连接粤、港、澳三地，珠海至香港只需半个小时车程。除此之外，广深港高铁、穗莞深城际快轨、深中通道、虎门二桥等重大交通工程，都在紧张密集地建设中。根据广东省交通运输"'十三五'规划"，到2020年，要实现"12312"交通规划：广州与大湾区内的各市1小时通达，大湾区各地与粤东西北各地市陆路2小时左右通达，大湾区与广东周边省会城市陆路3小时左右通达，大湾区内的各区域与全球主要城市航空12小时通达。从基础设施建设规划来看，未来一两年内粤港澳大湾区的基础设施将具备建设世界一流湾区的基础条件。

纵观世界三大湾区，每个湾区都由数个城市组成，城市之间如何分工配合、如何携手共建实现经济效益最大化，都考验了各地之间的默契程度和政府的规划协调能力。东京湾区内的城市之间，有多层次、多渠道及多形式的协调沟通机制，对湾区内城市之间出现的问题，一般采取会议的形式，通过协调协商的机制解决。纽约湾区一直重视区域建设过程中的协同发展。1921年成立的纽约区域规划协会，旨在研究、制定并推动落实区域的发展规划，协调纽约湾区内各区域的建设发展。该协会分别在1929年、1968年、1996年和2013年制定并发表了纽约湾区的规划发展报告，成为纽约湾区100多年来取得持续发展的最主要推动力量。因此，在一定意义上，纽约湾区的建设发展是湾区内四次规划、长期协同推动各区域落实的结果。旧金山湾区建立了一系列区域治理机制，成立了旧金山湾区综合治理委员会（如湾区政府协会、湾区保护和开发委员会等），以及专项治理委员会（如大都市交通委员会、湾区空气质量管理区等），这些委员会在推动湾区协同建设与发展，基础设施、生态保护等专项工作协同管理和发展方面，起到了积极的作用。

粤港澳大湾区相比于世界其他湾区，具有独一无二的"一个国家、两种制度、三个法律体系"的特点。这使得粤港澳大湾区如果只是建立像纽约湾区和旧金山湾区那样的城市协调机制是远远不够的，还必须有中央机构的参与。2017年7月1日，香港特区、澳门特区、广东省以及国家发改委共同签署了《深化粤港澳合作，推进大湾区建设框架协议》（以下简称为《协议》）。《协议》对体制机制进行了细致安排，并编制了《粤港澳大湾区城市群发展规划》。为了推进规划落地实施，四方决定每年定期召开磋商会议，在会议期间各方提出推进大湾区建设年度重点工作，由国家发改委征求香港特区、澳门特区、广东省以及国家有关部门意见并达成一致后，再由各方共同推动落实。粤港澳三地共同建立推进大湾区建设的日常工作机制，发挥广东省发改委、香港特区政府政制及内地事务局、澳门特区政府行政长官办公室在合作中的联络协调作用，推动大湾区发展规划深入实施。

（二）粤港澳大湾区科技创新合作与发展优势明显

纽约湾区以发达的金融业、便利的交通、高水平的教育和优良的环境，吸引了超过4300万人口，其中纽约市区集聚了超过1800万人口。目前，纽约湾区经济总量占美国的10%，对外贸易周转额占全美的20%，制造业产值占全美的30%以上，超过1/3的美国《财富》500强公司把总部设在纽约湾区，是世界金融的核心中枢。旧金山湾区人口约770万人，被公认为是全球最主要的科研中心之一，如果视其为一个经济体，在全球可排名第21位。2017年，有16家《财富》500强企业的总部设立在此，包括谷歌、苹果、Facebook等互联网企业以及特斯拉等新能源汽车企业。东京湾区仅占日本国土面积的3.5%，但人口占日本的1/3、经济总量占日本的2/3、工业产值占日本的3/4，是日本最密集的人口集聚区域，最广阔的工业城市群，最发达的金融中心、商贸中心，最便利的交通中心，以及最繁华的消费中心。

与世界三大湾区比较，粤港澳大湾区包含5.60万平方千米的土地面积，比东京、纽约、旧金山三个湾区中的任何一个湾区的面积都大。粤港澳大湾区有很多独特之处，例如两种制度、三个关税区等。从表1可以看出，目前粤港澳大湾区与世界三大湾区在发展程度上还存在一定的差距，从另一个方面来看，又正好表明其具有巨大的发展潜力。

表1 粤港澳湾区与三大湾区发展基础与潜力比较（2017年）

项目	纽约湾区	旧金山湾区	东京湾区	粤港澳大湾区
GDP(万亿美元)	1.4	0.8	1.8	1.51
人均产出(亿美元)	5.98	11.19	4.14	2.25
占地面积(万平方千米)	2.15	1.79	3.68	5.60
单位面积产出(亿美元/平方千米)	6511.63	4469.27	4891.30	2696.43
第三产业比重(%)	89.4	82.8	82.3	59.4
世界500强总部(家)	17	16	38	17
世界500强大学(所)	22	28	60	16
发明专利申请量(万件)	1.2	3.5	2.2	17.6(占PCI国际专利申请量的5.79%)

1. 内地的高水平大学建设将源源不断为湾区建设输送人才

旧金山硅谷有斯坦福大学、加州大学伯克利分校等世界一流大学，旧金山湾区内有28所世界500强大学。这些高校培养了大量高素质人才，成为硅谷源源不断的人才库。2017年，纽约湾区的科研人员发表的SCI高水平论文有9.4万篇，粤港澳湾区只有3.7万篇。东京湾区有60所世界500强大学，粤港澳湾区只有16所。目前，在高等教育实力及科研人员产出等方面，粤港澳湾区与世界一流湾区相比还有很大的差距。可喜的是，近年来内地的清华大学、北京大学等世界一流大学建设突飞猛进，广东省内的中山大学、华南理工大学等世界一流大学建设也卓有成效，广州及深圳中外合作办学取得很大进展，广州及深圳将成为中国教育的高地，这些将源源不断地为湾区建设输送人才。

2. 经济增长速度远远高于世界三大湾区

粤港澳大湾区作为中国最具创新活力的区域，以0.6%的国土面积创造了全国12.6%的生产总值。2016年，粤港澳大湾区经济增长速度是旧金山湾区的2.93倍、纽约湾区的2.26倍、东京湾区的2.19倍，均超过三大湾区的2倍。目前，粤港澳大湾区内的GDP、人均产出及单位面积产出等都在快速增长，其发展速度是其他三地湾区难以比拟的。与此同时，粤港澳大湾区内的产业结构优化也有巨大的发展空间，第三产业比重还不到60%，远远低于世界三大湾区80%以上的水平。

3. 广东的科技投入经费快速增加

广东研究与试验发展（R&D）经费内部支出逐年递增，从2000年的107.12亿元增长到2017年的2343.63亿元，增长了20.88倍，跃居全国第一位。R&D经费支出占地区生产总值比重也是逐年上升，从2000年的0.99%增长到2017年的2.61%（见表2）。

表2 近年广东科技投入情况

指标＼年份	2000	2010	2014	2015	2016	2017
研究与试验发展经费内部支出（亿元）	107.12	808.75	1605.45	1798.17	2035.14	2343.63
R&D经费支出占地区生产总值比例（%）	0.99	1.74	2.33	2.43	2.52	2.61
研究与试验发展课题（项目）数（个）	—	72747	108109	112680	135652	170214

数据来源：历年《广东统计年鉴》。

从广东研究与试验发展经费结构看,试验发展经费占绝大部分,应用研究占比次之,基础研究经费占比最少。2017年,以上各项经费占比分别为86.13%、9.20%和4.60%。从资助主体看,广东研究与试验发展经费主要来自企业,2017年,企业资金占比达87.37%,已从根本上改变了主要靠政府投入的格局,科研团队可以直接参与到企业研发活动中来(见表3)。

表3　近年广东研究与试验发展(R&D)经费结构

指标＼年份	2000	2010	2014	2015	2016	2017
研究与试验发展(R&D)经费内部支出(亿元)	107.12	808.75	1605.45	1798.17	2035.14	2343.63
基础研究(亿元)	—	16.72	42.41	54.21	86.02	109.42
应用研究(亿元)	—	37.32	126.50	165.00	164.50	215.60
试验发展(亿元)	—	754.70	1436.53	1478.96	1784.62	2018.61
政府资金(亿元)	101.38	65.76	116.66	145.85	186.60	240.40
企业资金(亿元)	86.44	708.93	1445.72	1606.21	1795.78	2047.59

资料来源:历年《广东统计年鉴》。

4. 香港雄厚的科技实力被激活应用

香港在高等教育方面的优势非常突出,汇聚了诸多领域的国际顶尖科研人才,在特色领域重大科技创新上有很强的实力和巨大的潜力。香港有4所大学跻身全球100强,拥有40多位中国两院院士,在整个华南地区处于领先地位。因为有良好的科研环境、平台以及大量的国际顶尖人才,香港在不少科研领域都站到了世界前列。比如,香港中文大学的纳米光催化技术、香港科技大学的大脑神经信息传递及蛋白质分子功能研究、香港理工大学的光纤和超声导波传感技术等。据统计,2016年,香港学者参与的国家重点研发计划立项61项、84人次,香港科技大学的科研团队更凭借"聚集诱导发光"项目荣获2017年度国家自然科学奖一等奖。2018年,香港6所高校共有国家重点实验室、伙伴实验室16家,香港3所高校同香港应用技术研究院设立了6家国家工程技术研究中心香港分中心。建设粤港澳大湾区科技创新中心有助于香港雄厚的科技实力被充分激活利用，必将推动粤港澳大湾区科技快速发展，创造出世界级的科技创新基地。

5. 科技成果转化环境不断优化

粤港澳科技创新中心的建设，可以促进香港科技成果在大湾区内地城市的快速转化，为打造"中国硅谷"奠定坚实的基础。大湾区的科技成果转化环境不断改善，除了可以直接签订技术合同进行技术贸易外，还包括加速建设创新载体，如孵化器或者高新技术开发区，推动成立科技创新公司。香港科技成果可以与珠三角科技企业结合，形成香港—深圳—东莞—广州科技创新走廊。大湾区内地城市的技术贸易活跃，技术合同成交额从2000年的48.21亿元增至2017年的949.48亿元，增长了18.69倍。另据科技部有关统计，2017年，广东科技企业孵化器数量达868家，在孵企业总数超过2.4万家。此外，国家级高新区的数量也在不断增长，从1999年的6个增长至2018年的14个。

二 粤港澳大湾区科技创新合作与发展面临新挑战

（一）粤港澳大湾区内部科技合作发展的基础还比较薄弱

改革开放40年来，粤港澳地区社会经济发展取得巨大成就。当前，粤港澳大湾区科技创新要素快速汇聚，创新基础不断巩固、夯实，科技创新成果日新月异，电子信息等优势特色科技产业基本形成，这为打造全球科技创新中心打下了坚实的基础。尽管成绩显著，但相比旧金山湾区、纽约湾区等世界级湾区，粤港澳大湾区还存在一些短板，主要表现在区域协同创新水平有待提高、国际科创资源集聚效应尚未形成等。

1. 缺乏更全面、更高效的协调机制

自2003年粤港澳三地签署《内地与香港关于建立更紧密经贸关系的

安排》《内地与澳门关于建立更紧密经贸关系的安排》(下称 CEPA) 及有关系列补充协议以来,经过十多年的发展,粤港澳已逐渐形成以广东省科学技术厅、香港特别行政区政府科技创新署、澳门特别行政区科技委员会等政府部门为主导的科技创新协调机制。然而,粤、港、澳三地各产业间的分工协作不明确,各地在产业链中的定位不清晰,同产业间的过度竞争仍然存在,资源配置不能达到最优。广东的科技创新水平经过改革开放40年的发展,与港澳的实力相当。现阶段更需要完善各企业之间、各行业协会间、非政府组织的研究机构间等市场主体之间的创新协调机制,实现政府搭台、企业唱戏的全面创新协调机制。在政府为主导的协调机制中,已形成的 CEPA (2003年) 系列协议、《粤港合作框架协议》(2010年) 和《粤澳合作框架协议》(2011年) 等都是以广东为中间纽带的协调机制,这种平面协调机制必然降低三地在科技创新方面的协调效率。现阶段需要建立粤港澳三地一体的立体协调机制,才能更高效地解决在新的创新环境中碰到的各种问题。建议在科学技术部的国际合作司设立粤港澳大湾区办公室,通过粤港澳联席会议构建粤港澳科技创新合作一体化发展的立体协调机制,统领三地的科技创新合作发展上升到更高的水平。

2. 粤港澳大湾区内的自主创新能力亟待提高

粤港澳大湾区总体创新能力还是弱于世界其他三大湾区。从宏观层面看,根据2017年相关数据显示,香港的全球创新指数排名是第16位,低于东京湾区(第14位)、旧金山湾区和纽约湾区(均为第4位);粤港澳大湾区的全球百强创新机构数量只有1家,与纽约湾区持平,但显著低于旧金山湾区的8家和东京湾区的20家;粤港澳大湾区的世界500强企业总部数量是17家,低于东京湾区的38家,与纽约湾区的17家和旧金山湾区的16家基本持平;粤港澳大湾区的世界500强大学数量是16所,低于东京湾区的60所、旧金山湾区的28所及纽约湾区的22所;粤港澳大湾区的发明专利申请总量是17.6万件,明显高于东京湾区的2.2万件、旧金山湾区的3.5

万件和纽约湾区的 1.2 万件。从微观层面看，粤港澳企业自主创新能力滞后于世界产业格局变化，大多数企业并未掌握产业核心技术，仍处于产业链的中低端，在世界经济竞争中常在核心技术上被"卡脖子"。一方面，多数大型企业缺乏前瞻战略，只顾发展企业的规模，过多考虑企业眼前的经济利益，错失抢占产业链制高点的黄金时期。华为具有超前战略眼光和超强执行力，成功研发麒麟芯片和鸿蒙物联网操作系统，取得 5G 信息产业的国际领先地位，在国际竞争中已有一定的技术竞争力。大湾区亟待涌现更多像华为这样自主创新能力强的企业。另一方面，多数中小微企业仍停留在引进而不消化、模仿而不创新的阶段，缺乏工匠精神，不敢把配件产业做精做强，不能把小企业做成行业隐形冠军。大湾区需要更多的隐形冠军企业，才能成功实现产业转型升级，在国际竞争中立于不败之地。

3. 三地科技要素流动不畅，国际科创资源集聚效应尚未形成

粤、港、澳三地虽同属一国，但实行两种社会制度，分属三个不同关税区，在经济、科创活动中依据的政策、法律和行政体系不同，导致科技人才、科研经费、商业资金、专用设备等科技要素流动不畅，科技资源的整合效率不高。在科技人才流动方面，2019 年初，广东省启动《粤港澳大湾区科技创新行动计划》，试行科研机构、高等学校和企业科技人员按需要办理有效期 3 年的往来港澳商务签注，取消企业商务签注原有的纳税额限制。该政策在较大程度上促进了科技人才的流动，但适用人员范围还需要进一步扩大到管理咨询、创投和法律等科技创新服务行业人才，与之配套的科技人才信用体系搭建、资格职称互评互认和异地住房安居等问题还没有完善的政策。在商业资金跨境流动方面，中国央行发布的《关于非银行支付机构开展大额交易报告工作有关要求的通知》要求，自 2019 年 1 月 1 日起，规定自然人及非自然人款项的跨境划转，都要实施提前报备。这些反洗钱措施，在一定程度上对合法的跨境商业资金流动形成客观的阻碍。在科研经费流动方面，2019 年 3 月，广东省出台了《关于进一步促进科技创新的若干政策措施》。新政策措施明确规定港澳科研机构及高等学校，可以申报广东科技计划项目；准许广东省科技计划项目资金直接拨付给港澳地区的科研单位使用，建立了广东省科研财政资金直接支付给港澳科研单位使用的新机制。新政促进了广东科研经费流入港澳两地，但在科研经费使用的会计记账准则、资金使用凭证、不同货币类型的使用、经费管理机构等方面仍需要更完善、可执行的制度安排。此外，港澳两地的科研经费如何顺利进入广东、如何合法合理使用等问题也需要出台相关政策制度。只有涉及科技要素流动的不同方面、不同环节的相关政策和实施制度完善后，科技资源的整合才能实现"1+1+1>3"的效果。

4. 知识产权服务滞后，对科技创新驱动乏力

2019年2月18日，中共中央、国务院印发《粤港澳大湾区发展规划纲要》（以下简称《纲要》），明确提出打造"广州—深圳—香港—澳门"创新科技走廊，要求强化知识产权保护以优化区域创新环境。《纲要》提出，充分依托粤港澳及泛珠三角区域知识产权合作机制，全面深化大湾区在知识产权保护、专业人才培育等方面的合作。知识产权保护是科技创新的重要保障制度，然而粤港澳在知识产权保护合作方面还存在诸多问题。知识产权制度上存在的差异，成为影响粤港澳知识产权保护合作的制度性阻碍。比如在确权制度上，粤港澳知识产权在授予条件和授予程序等方面存在差异。在保护方式上，我国内地实行知识产权司法和行政保护双轨制，既可通过司法途径解决知识产权侵权问题，也可由行政执法部门介入维护市场竞争秩序。然而在香港，知识产权侵权主要通过司法途径，以禁令、损害赔偿等方式实施保护与救济。在知识产权金融服务方面，由于相关的中介服务机构匮乏，跨界专业人才培养不足，使得知识产权在评估、交易、担保、拍卖及信息服务等方面出现难题，各类知识产权金融平台存在质押处置率低、使用效益不高的现象，缺乏高效的知识产权金融专业化服务，无法对粤港澳大湾区重点发展的产业提供集中、高效和便捷的咨询建议和服务。

（二）粤港澳大湾区内高科技企业面临美国特朗普政府的霸凌行为

随着中国制造业生产技术的成熟和制造链的完善，中国高科技企业通过自主创新，不断突破关键技术封锁和攻克技术难点。在通信、芯片和无人机等顶尖高科技领域，粤港澳大湾区高科技企业打破了美国及其他西方国家在高科技领域的垄断局面。面对大湾区内高新技术企业在 5G 通信领域的领先，美国认为这是对其高科技王牌地位的强烈威胁。特朗普政府发起的全球贸易战剑指大湾区内的高科技企业，特朗普政府多次发起加征关税行为，在贸易谈判中出尔反尔，主要目标是打压大湾区内的高科技企业在先进技术领域的发展，从而继续保持美国在高科技领域的霸权地位。

美国打压大湾区内高科技企业事实确凿，案例众多。2018 年 4 月 16 日，美国重启了对中兴通讯的出口禁令，禁止美国企业向中兴通讯提供任何销售服务。因为芯片技术还依赖于美国企业，中兴通讯经过谈判，最终缴纳 10 亿美元罚款和 4 亿美元保证金，并清理高级管理层，以获得美国芯片企业 10 年有条件的销售服务（下称"中兴事件"）。中兴事件揭开了美国高调打压大湾区内高科技企业序幕，美国在此前后以威胁美国国家安全的莫须有理由不断打压华为、大疆无人机、海能达等高新科技企业，其中以对华为的打压最为猛烈和持久。中兴事件之前，美国政府多次阻挠华为在美国的正常商业活动。2008 年，拒绝华为收购美国科技公司 3Com。2011 年，迫使华为已达成的 200 亿美元的专利购买协议流产。中兴事件之后，美国政府开启对华为的全面调查，美国联邦通信委员会（FCC）禁止美国运营商从中国企业采购通信设备。2018 年 12 月 1 日，美国主导了华为 CEO 孟晚舟在加拿大被捕事件。美国还要求其盟友一起打压华为，在美国的频频施压下，英国、法国和澳大利亚等国家公开宣布在本国禁用华为 5G 设备。

面对美国对大湾区内高新科技企业频频打压，中国政府和企业纷纷公开表明态度和立场。中国商务部表示，对于美方的贸易霸凌行为，中方坚决反对，也不得不采取必要的反制措施。华为在 2018 年底决定放弃美国市场，转而重点开发欧洲市场，而美国地广人稀的西部地区离开华为设备后通信服务便不能正常开展，因为运营商离不开性价比最高的华为通信设备。中国其他高新科技企业则用实际行动来表明立场，360 安全科技全面适配华为自研的"鸿蒙"系统，小米科技新产品搭载华为的海思芯片。中国高科技企业也认识到，只有加强自主研发、强强联合才有可能突破美国的强势打压，闯出属于中国高科技的新天地、新时代。

三 粤港澳大湾区科技创新合作与发展的新基础

2017 年 7 月 1 日，国家主席习近平出席《深化粤港澳合作 推进大湾区建设框架协议》（以下简称《协议》）签署仪式，国家发展和改革委员会、广东省人民政府、香港特别行政区政府和澳门特别行政区政府签订了该《协议》。《协议》阐明了粤港澳大湾区科技创新合作与发展的新目标和实施路径，即通过支持重大合作平台建设和构建协同发展现代产业体系来打造国际科技创新中心。加快深圳前海、广州南沙、珠海横琴等重大粤港澳合作平台开发建设步伐，着力推进港澳青年创业就业基地建设，发挥合作平台示范作用，拓展港澳中小微企业发展空间；充分发挥大湾区各城市的产业优势，实现产业协同发展，加快向全球高价值链方向延伸，构建高端引领、协同发展、特色突出、绿色低碳的开放型、创新型产业体系；充分利用全球科技创新资源，完善创新合作体制机制，构建跨区域合作发展新模式，推动形成国际化、开放型区域创新体系，加快提高科研成果的转化水平和效率，加快形成以创新为主要引领和支撑的经济体系及发展模式。

（一）构建了粤港澳大湾区科技创新合作的新机制

粤港澳通过三地合作联席会议、CEPA 及系列补充协议、共建自由贸易试验区以及 2019 年 2 月 18 日中共中央、国务院出台的《粤港澳大湾区发展规划纲要》，不断升级在科技创新方面的合作机制与合作模式。同时，粤港澳不断出台科技创新合作方面的计划和协议来丰富和落实合作机制与模式。2018年3月29日，广东省科学技术厅与澳门科学技术发展基金签署《粤澳科创交流合作协议》，未来五年内双方将在生物医药（中医药）、电子信息、节能环保、智慧城市、海洋等领域开展科技创新交流与合作。广东与澳门将共同探索国际科技创新中心建设；共同组织实施粤港澳大湾区科技创新联合资助计划；着力推动在两地合作建设高水平科技创新平台，促进科技成果转移转化；深入推进广东高新区、专业镇、可持续发展创新示范区等园区与澳门高校、科研机构、产业园区开展合作；同时，拓展两地在科学研究、高层次专业技术人才等方面的交流与合作。2018年4月12日，广东省科技厅与香港创新及科技局同意《粤港澳大湾区科技创新行动计划》（以下简称《计划》）编制内容，共同向科技部争取联合发布并尽早实施。《计划》在医疗科技、人工智能等领域协同联动，共同建设联合实验室等创新平台，推动深港联合建设河套地区，充分发挥香港国际化的优势，吸引高端人才，在选取重点领域实施联合资助研究等方面都达成了一致意见。

（二）搭建了跨区域科技创新合作的新平台

粤港澳三地积极参与深圳前海、广州南沙、珠海横琴等重大粤港澳合作平台开发建设。一方面，已建立面向"两岸三地"的创新创业服务平台，目前广东建有诸如广州粤港澳（国际）青年创新工场、红鸟创业苗圃、澳门青年横琴创业谷等20多个创新创业平台；另一方面，粤港澳三地大力引进港澳科技创新机构，建立科技成果转化基地。香港大学、香港科技大学、香港中文大学、香港理工大学等香港著名大学在深圳和广州均设有科技成果转化基地。此外，广东同澳门共同设立了粤澳中医药科技产业园。同时，粤港澳还共同建设重点实验室，打造高层次基础研究平台。2017年12月22日，广东省正式启动建设了首批4家广东省实验室，分别是深圳网络空间科学与技术广东省实验室、广州再生医学与健康广东省实验室、佛山先进制造科学与技术广东省实验室和东莞材料科学与技术广东省实验室。目前，有更多的粤港澳共建实验室正在大力推进建设中。

（三）开启了制度性科技创新合作的新阶段

第一，加快推进财政科研资金过境港澳使用。2018年2月，国家科技部、财政部出台了《关于鼓励香港特别行政区、澳门特别行政区高等院校和科研机构参与中央财政科技计划（专项、基金等）组织实施的若干规定（试行）》的通知》（以下简称《通知》）。《通知》明确了港澳的高等院校和科研机构可单独或联合内地单位，通过竞争的方式，承担中央财政科技计划项目，并获得相应的项目经费资助。2019年3月，广东省政府出台了《关于进一步促进科技创新的若干政策措施》（"一号文"）的6个配套政策，提出鼓励和支持香港、澳门高等院校及科研机构牵头或独立申报广东省科技计划项目，建立了广东省财政科研资金跨境到港澳使用的新机制。新政推动了湾区内科研经费的便利使用，促进了湾区科技创新资源高效协同。

第二，在科技研发、成果转化合作方面，港澳高校和科研机构积极参与和承担了国家、广东省重大科研项目。香港高校目前累计承担了800多项科研项目，获得大约5.8亿元支持资金，申请了约530件专利，发表了3000多篇高水平论文。2018年下半年，广东省启动的重点领域研发计划吸引了一大批港澳优秀科研团队参与，港澳科研团队申报占比已达9.58%。港澳高校和研发机构在实现自身发展过程中，释放出巨大创新潜力，有力地推动了广东省战略新兴产业发展。粤港澳三地的科技合作、成果转化也初见成效，大批深藏在香港实验室里的成果正在广东转化。在这方面，最典型的例子就是大疆无人机。大疆无人机的创始人汪滔是香港科技大学的学生，他在香港科技大学的重点实验室学成归来后，结合广东省的硬件优势，在深圳创建了大疆无人机公司。该公司成立后迅速成为无人机领域的领头羊，带动了我国无人机产业的大发展。

2018年12月12~14日，内地分别与澳门、香港签署了《CEPA货物贸易协议》，与之前签署的《CEPA 服务贸易协议》、《CEPA 投资协议》及《CEPA 经济技术合作协议》一起，将 CEPA 构建成了具备"一国两制"特色的协议。其符合 WTO 规则，涵盖了内地与港澳在经贸交流各领域高水平的自由贸易协议。协议已于 2019 年 1 月 1 日起正式实施。这标志着粤港澳提前完成了国家"'十三五'规划"中的 CEPA 升级目标，开启了制度性科技创新合作的新阶段。

第三，在保障人才顺畅流动方面，2019 年初，广东省启动《粤港澳大湾区科技创新行动计划》，从保障人才顺畅流动、创新创业普惠性支持和科技金融深度融合等方面推进粤港澳大湾区国际科技创新中心建设。广东省试行高校、科研机构以及企业科技人员按需办理往来港澳 3 年期的多次商务签注；允许持有优粤卡 A 卡的港澳和外籍高层次人才，申办一副港澳出入内地的商务车辆牌照。这些举措大大方便了粤、港、澳三地科技人才的流动，为粤、港、澳三地开展科技合作提供了良好的条件。

第四，在创新创业普惠性支持方面，广东省出台鼓励、支持大湾区各城市应至少建设一家港澳青年创新创业基地的政策。港澳青年创新创业基地可直接被评选为省级科技创新企业孵化器，同时可享受广东省的相关优惠政策。在国家支持下，广东省还出台减轻在粤工作的港澳人才和外籍高层次人才个人所得税税负等政策措施。在全面贯彻落实国家有关研发费用税前加计扣除 75% 的政策基础上，广东省还鼓励有条件的城市对科技创新型中小企业税前加计扣除给予适当的奖励补助。

第五，在促进科技金融深度融合方面，广东采取了如下四个非常有特色的重要举措。一是建立了企业研发融资需求与金融机构、创投机构的信息对接机制。二是鼓励银行开展科技信贷特色服务，加大对科技型中小企业的信贷支持力度。广东省财政按银行实际对科技型中小企业投放金额给予一定奖补。三是省级财政与有条件的地市联合设立科技风险准备金池，对金融机构在实施科技型中小企业贷款、知识产权质押投融资业务过程中发生的损失给予相应比例的风险补偿。四是鼓励和支持有条件的地市对新注册登记的私募股权和创业投资管理企业，从产生财政贡献之日起，给予最多 5 年的适当奖补。

四 粤港澳大湾区科技创新合作与发展的新征程

粤港澳大湾区科技合作圈建设应该坚守"一国"之本，充分用好"两制"的优势，以共建大湾区国际科技创新中心为目标，积极吸引和对接全球创新资源，推动粤港澳科技创新一体化联动发展。

（一）把大湾区建设成具有全球影响力的国际科技创新中心

2019 年 2 月 18 日，中共中央、国务院印发《粤港澳大湾区发展规划纲要》明确提出要建设具有全球影响力的国际科技创新中心，充分发挥香港、澳门、广州、深圳四大核心城市的比较优势，实行区域内差异化定位发展。香港应进一步巩固提升国际金融、航运、贸易的中心地位，加快建设亚太地区国际法律及争议协调解决中心，强化其国际竞争力；澳门也要着力打造世界休闲旅游中心、中国与葡语国家商贸合作平台；作为国家中心城市、综合性门户城市，广州要充分发挥其引领作用，加快国际大都会建设步伐；深圳应统筹利用科技创新优势，加快建设成为具有国际影响力的创新城市。加快打造"广州—深圳—香港—澳门"科技创新走廊，不断探索有利于资金、人才、信息、技术等资源跨境流动新举措，着力构建粤港澳大湾区大数据中心及国际化创新平台。

1. 打造高水平科技创新高地

加快推进粤港澳大湾区重大科技基础设施、交叉研究平台及前沿学科建设的步伐，进一步提升基础研究水平。鼓励、支持粤港澳有关科研机构主动参与国家科技计划等科学研究项目。合理优化配置创新资源，积极培育一批产业技术创新平台、制造业创新中心及企业技术中心。支持港深创新科技园、中新广州知识城、南沙庆盛科技创新产业基地、横琴粤澳合作中医药科技产业园等重大创新载体建设。

2. 共建国家级科技成果孵化基地

探讨促进大湾区在出入境、就业、居住等方面更加便利化的政策措施，鼓励大湾区科技、学术人才沟通交流。允许港澳符合相关条件的高校及科研院所申请内地科研项目，加快实现科技成果转化。创新体制机制、完善科技创新环境，将有助于把粤港澳大湾区建设为具有国际竞争力的科研成果转化基地。支持粤港澳在创业孵化、科技金融、成果转化、国际技术转让、科技服务业等领域开展深度合作，共建国家级科技成果孵化基地和粤港澳青年创业就业基地等成果转化平台。①

（二）把深圳建设成为创新体系的高质量发展高地

2019年8月18日，中共中央、国务院发布《关于支持深圳建设中国特色社会主义先行示范区的意见》（以下简称《意见》）。《意见》明确深圳的首要战略定位是高质量发展高地。

《意见》指出深圳实现高质量发展高地战略定位的主要路径包括三点。第一，加快实施创新驱动发展战略。进一步深化深圳产学研深度融合的优势，建设综合性国家科学中心（深圳），充分发挥深圳在粤港澳大湾区国际科技创新中心建设过程中的关键作用，大力支持深圳重大创新载体建设。第二，加快构建现代产业体系。大力发展战略性新兴产业。第三，助推粤港澳大湾区建设。进一步加大前海深港现代服务业合作区改革开放力度，以制度创新为核心不断提升对香港、澳门的开放水平。

《意见》指出，深圳建设中国特色社会主义先行示范区的发展目标是：到2025年，深圳整体经济实力、经济发展质量均居于世界前列，成为全国高质量发展典范，综合经济竞争力全球领先，成为具备世界影响力的创新创业创意之都。到21世纪中叶，屹立于世界先进城市之林，成为竞争力、创

---

① 中共中央、国务院：《粤港澳大湾区发展规划纲要》，《人民日报》2019年2月19日。

新力、影响力全球领先的标杆城市。①

经过改革开放40年来的合作发展，粤港澳大湾区区位优势明显，创新要素集聚，国际化水平领先，合作基础良好，与世界其他三大湾区相比，竞争优势显著。2017年，粤港澳大湾区首次写入国家《政府工作报告》，粤港澳三地政府签订《深化粤港澳合作 推进大湾区建设框架协议》；2019年，中共中央、国务院发布《粤港澳大湾区发展规划纲要》及《关于支持深圳建设中国特色社会主义先行示范区的意见》。随着这一系列重大举措的实施，大湾区科技市场逐步开放，粤、港、澳三地科技合作的前景令人期待，大湾区科技创新合作与发展将大有可为。

五 世界三大湾区科技创新合作与发展的启示

世界三大湾区均是全球创新的引领者。旧金山湾区是世界科技创新引领者，纽约湾区是世界金融核心中枢，东京湾区是全球化制造业领先地。研究世界三大湾区的发展历程、目前的优势和发展定位，有助于理解粤港澳大湾区科技创新合作与发展的思路、目标和路径。

（一）包容开放、海纳百川的文化是促进创新的基础

纵观旧金山湾区、纽约湾区、东京湾区这世界三大湾区，可以发现一个突出的共性：拥有高度开放、包容的文化和社会环境。相比较而言，秉承美国文化特点的旧金山湾区、纽约湾区比东京湾区对外来人口显得更为开放。纽约湾区号称世界上民族最多的地方，而旧金山湾区一样以开放、包容举世闻名。东京湾区秉承了日本人相对保守、反对移民的特质，在开放、包容、吸引外来人口方面就逊色一些。对外来人口、外来文化的包

---

① 中共中央、国务院：《关于支持深圳建设中国特色社会主义先行示范区的意见》，《人民日报》2019年8月19日。

容，对创业的鼓励，对失败者的接纳，是一个地区建立开放、包容的创新文化的必要条件。

（二）高水平的大学是推动创新的动力源泉

综观世界其他三大湾区，它们无一例外都拥有举世闻名的高水平大学。旧金山湾区有斯坦福大学、加州理工大学等，纽约湾区有哈佛大学、麻省理工学院、纽约大学等，东京湾区有东京大学等。这些高水平大学是基础研究的重镇，积累了大量的高水平研究成果。一旦产学研的瓶颈被打破，大学里的研究成果就能源源不断地产业化。高水平大学就能够成为整个湾区科技创新的动力源泉，不断推动湾区的产业发展和产业升级。当然，湾区产业的发展也会反过来推动大学基础研究的发展。在这三个世界著名湾区里，都已经形成了高校和企业互相支持、互相促进、共同发展的良性互动。

（三）科技金融是实现创新的中坚力量

综观上述三大湾区，它们的发展壮大都有着科技金融发达的突出特点。但是，三大湾区的科技金融方式还是有所不同。纽约湾区和旧金山湾区主要是风险投资高度发达，通过风险投资来促进初创中小企业发展；东京湾区则主要是依靠银行支持来促进企业创新和发展。综合国际经验来看，纽约湾区、旧金山湾区的模式更加有效，更加适合科技型中小企业创新和发展的需要，这也是近二三十年，东京湾区的科技创新总体上不如纽约湾区、旧金山湾区的原因之一。

（四）完善的知识产权制度是实现创新的法律保障

技术的进步、活跃的创新离不开完善的知识产权制度。在这方面，三个湾区均有不少值得借鉴的做法，尤其是美国的旧金山湾区和纽约湾区，其做法更是值得借鉴。美国政府建立了一套非常完整的知识产权保护和激励创新的体系。正是有着这样一套完善的知识产权保护体系，企业才能放心创新、大胆创新，创新成果才能不断涌现。

（五）良好的人才激励机制是推动创新的基本源泉

综观上述三个湾区，政府和企业都非常重视激励人才，通过良好的人才激励机制不断激励人才创新。但是，东京湾区的企业较多采用的是日本式的注重论资排辈的年功制，而纽约湾区和旧金山湾区的企业普遍对员工多看贡献、少看资历，并对有贡献的员工实施高额工资加股票和期权的激励机制。纽约湾区和旧金山湾区企业实施的激励机制明显更有利于激发年轻人拼搏和创新，使企业更有活力。

六　粤港澳大湾区科技创新合作与发展的新思路、新对策

《粤港澳大湾区发展规划纲要》提出，粤港澳大湾区经济基础实力雄厚，经济发展水平全国领先，产业体系完备、产业集群优势显著，拥有较强经济互补性，已成为全球重要制造业基地。同时，在创新驱动发展战略深入实施下，粤港澳大湾区科技研发、成果转化能力显著，创新要素吸引力强，为建设国际科技创新中心奠定了良好基础。因此，在粤港澳大湾区科技创新合作与发展过程中，建设国际科技创新中心，构建覆盖华南和西南的区域创新体系，有助于改善国家科技创新发展不平衡状态，加快创新型国家建设。

（一）促进粤港澳大湾区科技创新合作与发展的新思路

1. 瞄准世界科技创新潮流，紧抓关键科技产业，打造广东产业新亮点

电子信息产业是我国目前具有国际竞争力、能够出口创汇的大产业。广东一直是我国电子信息产业的重镇，目前，珠三角已经成为我国电子产业配

套最完整、产业链最发达的地区，涌现出华为、中兴、美的、格力等一批具有国际竞争力的企业。电子信息产业发达也是广东相对于其他省份的一个巨大优势。广东应大力支持电子产业补基础、强短板，改变"缺芯少屏"的现状，具体来说，一是从政策、资金、土地等方面支持华为等研发效率高、已经具有较好基础的企业（华为海思芯片已经达到国际先进水平）继续加大研发力度，千方百计扶持好这些企业的发展。华为这种巨无霸企业的成功与否，往往关系到一个地区甚至一个国家相关产业的成功与否。二是大力和京东方（液晶面板）、中芯国际（芯片制造）等代表国家产业力量的企业合作，吸引它们到广东设立制造基地和研发中心。三是重视人工智能、大数据、云计算、物联网等新技术浪潮的兴起。互联网科技有个特点，就是在技术升级换代时，往往会出现颠覆旧有巨头的新公司，所以在这些新技术上，除了依托广东已有的实力雄厚的大公司（如腾讯、华为、网易）之外，更要重视通过风险投资基金支持中小创业公司的发展，优化创业公司的发展环境，促进有竞争力的中小企业快速成长。

电子信息产业虽然是广东经济的一大支柱，但其发展已有放缓之势。在未来的几年，要保持广东经济快速增长，必须挖掘新的大的产业亮点。比如汽车产业，尤其是电动汽车产业在未来的 5~10 年有可能发展成为一个亮点产业。目前，国家推动电动汽车发展的决心很大，电动汽车处于技术突破的阶段和大规模产业化的前夜，而我国电动汽车行业发展的格局未定，还处于诸侯混战的阶段。我们建议，广东应早做布局，设立专门的汽车产业发展基金大力支持广东电动汽车产业的发展。

除此外，生物医药产业也会发展成为一个大产业。目前，广东生物医药已有一定基础，白云山制药、华大基因等著名企业也具有较好的研发实力。广州市更是把生物医药作为未来的支柱产业之一，目前正在全力建设广州生物岛，也已引入冷泉港、GE 生物园、赛默飞等行业巨头。当前，国内如广州这样重视生物医药科技发展的主要城市还很少。广东要全力以赴帮助广州抓住这波产业浪潮，这也有利于打造广州新的核心竞争力，提振广州经济。

2. 尽快补上人才短板，把粤港澳大湾区打造成国际人才高地

人才是经济发展的基础，高水平人才的聚集与培养更是科技创新合作与发展的基础及关键。广东经济发达，是我国第一经济大省，却不是人才大省。国家统计局的统计数据显示，2016年，广东就业人员中，具有本科学历的比例仅为7.1%，研究生学历的比例仅为0.5%，均低于全国的平均水平（分别为7.7%和0.8%），甚至低于中西部的宁夏、新疆、山西等省区，与同为经济发达地区的京津冀、长三角地区的差距就更为巨大，例如，江苏和浙江就业人员中，具有本科学历的比例分别为10.3%和11.8%，具有研究生学历的比例则均为1.0%。目前，广东正在向创新驱动转型，国家也着力于把粤港澳大湾区打造成国际科技创新中心，但是，广东的人才现状和粤港澳大湾区建设的目标是严重不匹配的，广东亟须补上人才短板。

当前北京、上海正处于严控人口增长阶段，大量优秀人才不能落户，而其他二、三线城市在就业机会、生活环境等各个方面都还无法和广州、深圳媲美。广东应充分发挥坐拥广、深两座一线城市的优势，大力吸引国内的优秀人才到广东工作和创业。广东在人才争夺战上一定不能落后于其他省份。建议广东省委、省政府可以像召开全省科技创新大会一样，召开一次全省人才大会，统筹规划广东如何更好地培养人才、引进人才。

人才的培养离不开高等教育，然而，广东的高等教育实力相当薄弱。目前，广东虽然已有本科高校67所（含新建），但是高水平高校非常匮乏，仅有2所"985"高校、4所"211"高校。广东应继续通过做强现有大学，新办高水平大学，引入其他省份、港澳台以及国际著名大学在广东开设分校等多种方式尽快补上高教短板。同时，广东也应向教育部积极争取把广东作为高等教育资源严重匮乏的省份来看待，支持广东高校实现跨越式发展，早日缓解广东优质高等教育资源高度紧张的局面。

3. 营造科技金融快速持续发展的良好环境

针对粤港澳大湾区科技创新合作与发展，政府应加大科技金融公司及相关机构的扶持力度，鼓励民间资本向天使投资、风险投资等汇集，帮助科创型企业渡过初创期，进一步推动科技成果产业化。虽然广东目前已是我国风险投资机构的主要聚集地（主要聚集于深圳），但是近年来，在发展风险投资方面，广东和北京的差距已日渐拉大，广东要有高度紧迫感。另外，省市各级政府应进一步提高风险投资对科技产业发展重要性的认识，大力支持风险投资行业的发展，对风险投资要像对待高科技企业一样，高度重视，并给予资金、政策等各方面的支持。另外，风险投资也有很强的集聚效应，目前北京中关村已经成为世界上仅次于硅谷的主要风险投资集聚地。国内外的发展经验也一再证明，科技高地一定是风险投资高地。因此，广东要积极鼓励深圳、广州出台政策在深圳南山区、广州琶洲等高科技企业密集的区域打造风险投资集聚地，充分发挥风险投资和高科技企业双向良性促进的作用。

（二）促进粤港澳科技创新合作与发展的新对策

1. 破除体制机制障碍，构建"政府搭台、企业唱戏"的一体化、全方位、多层次的协调机制

粤港澳大湾区与世界其他三大湾区相比，拥有"一个国家、两种制度、三个法律体系"的独特特征。因此，粤港澳大湾区如果只是建立如纽约湾区和旧金山湾区那样的城市协调机制是远远不够的。粤港澳大湾区的科技合作还必须有中央机构的参与协调。在科学技术部的国际合作司下可设立粤港澳大湾区办公室，通过粤港澳联席会议构建粤港澳科技创新合作一体化发展的立体协调机制，统领三地的科技创新合作发展上升到更高的水平。另外，粤港澳三地政府应积极完善各企业之间、各行业协会间、研究机构间的创新协调机制，实现"政府搭台、企业唱戏"的创新协调机制。

2. 加快补齐高教创新资源的短板，加快布局国际前沿技术的研发，争取在重大技术上早日取得新突破

加强创新源头供给，持续推进高水平大学与科研院所建设，积极争取国家实验室、综合性国家科学中心等高水平创新平台和重大科技基础设施落户。通过做强现有大学，新办高水平大学，引入内地、港澳台以及国际著名大学在大湾区内开设分校等多种方式尽快补上高教资源短板。聚焦产业重点发展方向，实施重大科技专项，努力在核心技术和设备研发上取得新突破。

3. 优化跨区域科研合作创新模式，培育重大科研合作平台，推动大湾区科技研发合作向更高层次发展

鼓励广东科技服务机构与港澳科技机构加强合作，共同构建一批高水平、专业化科技服务平台或基地，实现大湾区科技资源优势互补。依托香港、澳门等中心城市的科研资源优势和高新技术产业基础，充分发挥广州、深圳在粤港澳大湾区的区域核心引擎作用，打造高端要素集聚平台，加快建设南沙粤港澳全面合作示范区、广州—深圳—香港—澳门科技创新走廊、大湾区青年创新创业基地等重点工程。支持港深创新科技园、中新广州知识城、南沙庆盛科技创新产业基地、横琴粤澳合作中医药科技产业园等重大创新载体建设。

当前，随着粤港澳大湾区的建设，三地人、财、物流动日益畅通，粤、港、澳三地发挥各自优势，吸引世界一流科研团队到粤港澳大湾区创新创业，把粤港澳大湾区打造成国际科技创新中心正逐渐成为可能。我国产业链完善，内部市场庞大，风险投资资金充沛，一直对国外创新创业团队具有较强的吸引力，但我国的大城市还存在着国际化程度不高、法治不够健全等问题，而这些恰恰是港澳的强项。因此，广东和港澳在吸引世界一流科研团队方面可以借鉴"前店后厂"模式。港澳国际化程度高，生活环境优美，可以发挥"门面"和"店"的作用；而广东产业链完善、发达，可以发挥实验试制、生产制造等"厂"的作用。深港的落马洲河套地区以及广东自贸区的三个片区，既有政策优势，又比邻港澳，非常适合推行这种"前店后厂"模式以吸引国际一流的科研团队落户创新创业。

4. 激发企业创新活力，强化知识产权激励机制，最大限度地释放科技人员创新潜能

广东省要以更大的决心和力度深化科技领域"放管服"改革，进一步释放创新活力。粤、港、澳三地政府应借助国家科技产业创新中心的建设，积极建设跨区域新型研发机构、科技企业孵化器等转化平台，形成转化应用的快速通道；强化知识产权激励机制，最大限度释放科技人员创新潜力，攻克关键核心技术；加快新一代信息技术与制造业深度融合，推动发展智能制造、互联制造、绿色制造等新型制造，打造广东制造升级版。

5. 坚持高标准高水平改革开放，促进文化相互理解包容，努力营造开放包容的创新环境

粤港澳大湾区经济实力雄厚，但在整体协调性、文化互融和开放包容等方面仍未达到世界级大湾区的水平。同时，历史因素造成粤港澳大湾区内部存在着一定的文化差异，这既是优势也是劣势。优势在于能迅速融合部分东方文化及部分西方文化，劣势在于大湾区内部文化壁垒不利于区域协同发展。因此，应充分发挥大湾区政府及企业力量，加强粤港澳大湾区文化交流，促进文化理解包容。政府也应增强知识产权重视力度，为科技创新健康发展提供法律保护，在鼓励、支持创新的同时，也容许失败，为大湾区科技创新营造一个活跃、开放、包容的环境。

·第四章·

粤港澳大湾区商务服务业合作与发展研究

陈 和 周 芳[*]

粤港澳大湾区作为一个经济共同体,想要发展成为世界级湾区,城市间的产业互补及经济合作显得尤为重要。[①] 在全球经济由工业经济向服务经济转型的过程中,商务服务业作为一种新的发展形式表现出强大生命力,成为拉动区域经济高质量发展的重要力量。在这一发展趋势下,推动大湾区商务服务业合作与发展的意义重大。

一方面,为进一步发挥粤港澳三地综合优势,加快粤港澳商务服务业合作与发展,逐步提升粤港澳三地在我国对外开放中的带动引领作用,中央政府与港澳特区政府于 2003 年签订《关于建立更紧密经贸关系的安排》(以下简称"CEPA")[②],提出逐步实现服务贸易自由化,提高内地与港澳商务服务业合作水平;2019 年,中共中央、国务院出台《粤港澳大湾区发展规

---

[*] 作者简介:陈和,副教授,博士,广东外语外贸大学国际服务经济研究院(国际服务外包研究院)副院长,主要研究方向为产业经济与国际经济政策;周芳,广东外语外贸大学经济贸易学院硕士研究生,主要研究方向为产业经济与国际经济政策。

[①] 柳颖:《区位商视角下粤港澳大湾区制造业与服务业集聚分析》,《市场周刊》2019 年第 2 期。

[②] 包括《内地与香港关于建立更紧密经贸关系的安排》与《内地与澳门关于建立更紧密经贸关系的安排》。

第四章　粤港澳大湾区商务服务业合作与发展研究

划纲要》，要求构建以人力资源服务、会议展览及其他商务服务为重点的现代型服务产业体系，形成粤港澳三地优势互补。这些政策文件的出台为粤港澳大湾区商务服务业合作与发展打下良好的政策基础，将加快大湾区在商务服务业领域的合作步伐。另一方面，广东自贸区从成立以来在构建粤港澳深度合作机制上成绩斐然，加快了以商务服务为重点的服务业领域进一步扩大开放，为大湾区商务服务业合作与发展提供了宝贵经验。可见，粤港澳大湾区商务服务业合作与发展基础良好。

由于粤港澳大湾区涉及粤、港、澳三地，粤港澳大湾区商务服务业合作与发展面临着合作体制机制障碍较多、经济发展环境有待改善、大湾区内部发展差距较大及产业结构有待优化升级等问题，给大湾区商务服务业合作与发展带来一定阻碍。因此，本文主要从粤港澳大湾区商务服务业合作与发展取得的成就和面临的问题入手，通过分析大湾区商务服务业合作与发展的重点和方向，研究在粤港澳大湾区战略背景下，如何通过有效合作与发展构建具有集群效应的商务服务业。

一　粤港澳大湾区商务服务业合作与发展意义

（一）培育经济增长新动力，为经济发展注入活力

作为生产性服务业的组成部分，商务服务业具有高知识性、高创新性等特征，已成为拉动经济高质量发展的重要力量。一方面，粤港澳大湾区面临着产业结构优化升级的矛盾，加快其商务服务业发展，有助于转变大湾区经济发展方式，为经济持续健康发展新动力，提高大湾区经济发展质量和效率；另一方面，扩大服务业开放是广东构建更高水平开放型经济的重要内容，推动粤港澳大湾区商务服务业合作有利于促进广东商务服务业

更高水平开放发展。此外，港、澳两地是小型经济体，内部市场规模狭小[①]，推动大湾区商务服务业合作有利于扩大港澳商务服务业市场规模。

（二）实现产业结构优化升级，带动相关产业发展

商务服务业主要依赖知识和人力资本投入，对物质资源和能源消耗较低。加快粤港澳大湾区商务服务业合作与发展，不仅能够推动经济从依靠高消耗、高污染的粗放型经济向低能耗、低污染的集约型经济转变，而且可以通过持续创新服务，成为引领产业转型升级的新方向。[②] 同时，加快粤港澳大湾区商务服务业合作与发展有利于推动传统商务服务业向现代商务服务业转型升级。云计算、大数据、物联网、移动互联等在商务服务应用中衍生出"商务服务+互联网"的新模式。

此外，商务服务业作为中间投入行业，可以直接为制造业提供优质化服务。加强粤港澳大湾区商务服务业合作与发展有利于改善大湾区制造业发展环境、提高制造业生产效率及制造业创新能力，促进大湾区制造业转型升级。

（三）缓解大湾区内部发展不平衡，推动共同发展

加快粤港澳大湾区商务服务业合作与发展，有利于进一步发挥香港、澳门、广州、深圳四大中心城市的竞争优势，逐步加强对周边城市发展的辐射带动作用[③]，提升珠海、江门、肇庆等重要节点城市商务服务业发展水平和竞争力，促进大湾区商务服务业协同发展；有利于实现人才、资金等生产要素合理流动和配置，为珠海、江门、肇庆等城市商务服务业发展提供丰富资源；有利于进一步加大大湾区内地九市商务服务业对外开放力度，加快国际接轨

[①] 陈丽君、周瑛：《港澳珠江三角洲专业服务合作探讨》，《当代港澳研究》2012年第4期。
[②] 高玫：《我国现代服务业发展的机遇与对策》，《科技广场》2007年第8期。
[③] 中共中央、国务院：《粤港澳大湾区发展规划纲要》，中央人民政府门户网站，2019年2月18日，http://www.gov.cn/zhengce/2019-02/18/content_5366593.htm#1。

步伐，缓解粤港澳在国际化进程中的发展差距。总之，加快粤港澳大湾区商务服务业合作与发展，有助于缓解大湾区内部发展不平衡的状况，实现大湾区共同发展。

（四）优化人才队伍结构，提高人才整体知识水平

商务服务业作为知识和技术密集型行业，要求人才具有丰富的知识储备和专业的技能，并能将其运用于解决客户所面临的各种问题，满足客户需求。当前，粤港澳大湾区商务服务业发展面临着高端人才不足的问题。加快大湾区商务服务业合作与发展，一是有助于提高大湾区对商务服务业人才培养的重视度，转变传统的人才培养方式，加强校企联合培育商务服务业发展的紧缺人才，培育具有国际视野的创新人才[①]；二是有利于大湾区现有商务服务人才合理流动和有效配置，改善珠海、惠州、东莞、江门、肇庆等城市商务服务人才队伍结构；三是有利于大湾区实施面向全球的开放性人才政策，加大对国外商务服务高端人才引进力度，从而优化大湾区商务服务人才队伍，提高人才整体知识水平。

二 粤港澳大湾区商务服务业合作与发展现状

（一）大湾区商务服务业合作基础良好

1. 区位优势得天独厚

首先，粤港澳大湾区地理位置优越。对内有着广阔发达的经济腹地，对外是我国改革开放的南大门。大湾区既是海上丝绸之路的最早发源地，又是"21世纪海上丝绸之路"的重要枢纽，在"一带一路"建设中具有重要地

---

① 中共中央、国务院：《粤港澳大湾区发展规划纲要》，中央人民政府门户网站，2019年2月18日，http://www.gov.cn/zhengce/2019-02/18/content_5366593.htm#1。

位。① 其独特的地理位置为大湾区商务服务业开拓国内和国际市场提供了广阔的市场空间。其次，大湾区内地九市位于广东省中南部、珠江下游，毗邻港澳。较短的空间距离为粤港澳大湾区商务服务业合作提供天然优势和可能性。最后，粤、港、澳三地交通条件便利，特别是港珠澳大桥、广深港高速铁路等基础设施相继开通，使得粤港澳之间通行更加方便，有利于提高大湾区商务服务业合作效率，进一步促进大湾区商务服务业发展。

2. 经济基础实力雄厚

2018年，作为我国经济最发达、最活跃地区之一的粤港澳大湾区GDP约为1.34万亿美元，它以全国0.6%的土地面积贡献了全国12.4%的GDP，人均GDP是全国的2.5倍，在国家发展大局中具有重要战略地位，为大湾区商务服务业提供了坚实发展基础。② 与世界其他三大湾区③相比，2018年粤港澳大湾区GDP居于世界四大湾区第二位，经济总量分别是旧金山湾区、东京湾区的1.68倍和1.03倍，粤港澳大湾区商务服务业发展潜力巨大（见图1）。

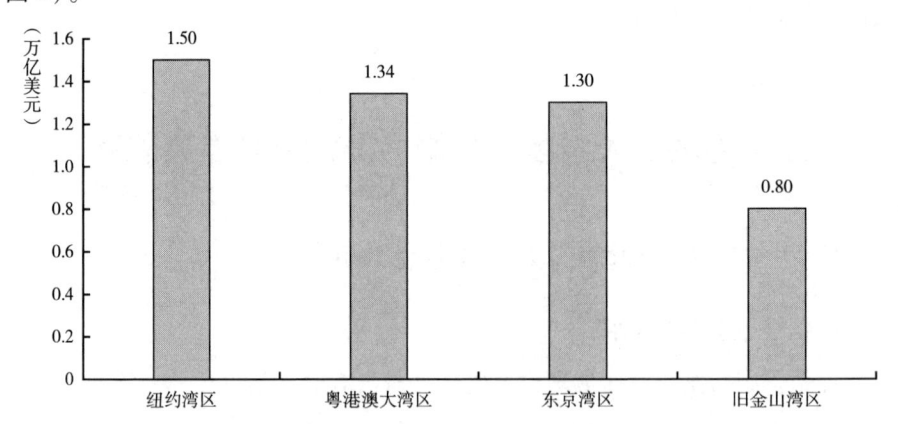

图1 2018年粤港澳大湾区与世界其他三大湾区GDP总量

资料来源：《四大湾区影响力报告（2018）：纽约·旧金山·东京·粤港澳》。

---

① 黄剑辉、应习文、袁雅珵：《粤港澳大湾区发展及商业银行机遇》，《金融博览》2019年第4期。
② 数据来源：粤港澳大湾区研究院。
③ 包括纽约湾区、东京湾区和旧金山湾区。

第四章　粤港澳大湾区商务服务业合作与发展研究

3. 三地商务合作日趋深化

一方面，合作协议持续增加。2003年，内地与港澳正式签署CEPA，提出内地在会计、建筑等商务服务领域对港澳开放；2005年、2007年分别再次签订CEPA补充协议二和补充协议四，实现进一步放宽市场准入、加强内地与港澳商务服务专业人才资格互认，扩大了资格互认范围和执业考试范围。[①] 2008年12月，国家发改委出台《珠江三角洲地区改革发展规划纲要（2008~2020年）》，支持珠江三角洲地区与港澳重点发展商务服务等产业；2017年7月，国家发改委与粤港澳三地代表共同签署《深化粤港澳合作推进大湾区建设框架协议》，明确提出粤港澳三地将在中央有关部门支持下，进一步提升市场一体化水平，为商务服务业发展提供便利条件。这些政策措施有利于加深粤、港、澳三地商务服务业合作层次，为粤港澳大湾区商务服务业进一步合作与发展打下基础。

另一方面，广东自贸区自成立以来在构建粤港澳深度合作机制上成绩斐然，在推进以商务服务业为重点的服务业领域上进一步扩大开放的成效显著。具体来说主要有以下三点。第一，在会展业合作方面，在深圳前海蛇口片区，海关允许参展企业通过深港客运车道申报进出，提供免于担保等优惠措施，降低深港企业办展成本。第二，在法律服务上，深圳前海出台《适用香港法裁判的制度探索与实践》，成立香港商会商事调解中心，开展内地律师事务所与港澳律师事务所联营试点工作。第三，在人才流动方面，深圳前海蛇口片区率先取消港澳居民就业证制度，拥有香港执业资格（如法律、会计、建筑等执业资格）的专业人才可自由执业；港澳居民也可在前海缴纳住房公积金。珠海出台"港澳人才发展支持计划"，允许在横琴片区就业的港澳人才免办就业证，并实行"港人港税、澳人澳税"政策。广东自贸区为粤港澳大湾区商务服务业合作与发展提供了丰富经验。

---

① 郭海宏、卢宁、杨城：《粤港澳服务业合作发展的现状及对策思考》，《中央财经大学学报》2009年第2期。

4. 商务服务业合作空间潜力巨大

粤港澳大湾区拥有一批在全国乃至全球具有重要影响力的高校、科研院所、国家及世界知名商务服务企业，成果转化能力显著，为建设国际商务服务中心打下良好基础。同时，粤港澳大湾区国际化水平领先。第一，大湾区内地九市作为我国对外开放的重要窗口，经济外向度高。第二，香港拥有高度国际化、法制化的营商环境及遍布全球的商业网络。第三，澳门作为中国与葡语国家商贸合作服务平台，其作用不断增强。第四，港澳在法律、会计、建筑等商务服务领域与国际同行联系密切，商务专业资格认证获得国际认可，商务服务质量和水平世界一流。[1]

近年来，大湾区内地九市商务服务业发展滞后已成为阻碍制造业转型升级的重要瓶颈，使得大湾区内地九市对商务服务产生大量需求，并亟须寻求商务服务业发展的新路径。据统计，大湾区内地九市的生产企业所需要的商务服务业有81%来自香港及境外。[2] 在此情况下，加强大湾区内地九市与港澳在咨询、法律、会计等商务服务领域的合作，其空间潜力巨大。

（二）大湾区商务服务业发展态势良好

1. 产业集聚水平较高

粤港澳大湾区汇集了以普华永道、毕马威为代表的国际四大会计师事务所，以贝克·麦坚时、诺顿罗氏为代表的世界著名律师事务所，以Ogilvy & Mather、Leo Burnett为代表的世界4A广告公司和以联瑞集团为代表的世界知识产权服务机构等一大批世界知名商务服务企业，商务服务产业集聚效应明显。此外，粤港澳大湾区近年来陆续有商务服务集聚

---

[1] 陈丽君：《粤港澳专业服务业合作与发展研究》，载陈广汉等主编《港澳珠三角蓝皮书：粤港澳区域合作与发展报告（2010~2011）》，社会科学文献出版社，2011。

[2] 李晓峰：《加快生产性服务业与制造业融合发展 促进粤港澳大湾区服务贸易发展》，民建中央网站，2018年11月15日，http://www.cndca.org.cn/mjzy/lxzn/czyz/jyxc/1317016/index.html。

第四章　粤港澳大湾区商务服务业合作与发展研究

区建成落地,如珠海横琴国际广告创业基地、广州南沙自贸区以法商研究院为平台的法律服务集聚区,这些商务服务企业集聚区的建设有利于进一步提高商务服务业的集聚水平,有利于大湾区商务服务企业实现资源共享、服务共享、管理共享、环境共享,实现大湾区商务服务业协同发展。

2. 产业竞争优势显著

近年来,随着粤港澳大湾区经济持续发展,大湾区商务服务业[①]也得到快速发展。从产业规模来看,大湾区商务服务业增加值占 GDP 比重总体呈上升趋势,表明其竞争优势在不断增强。由图 2 可知[②],大湾区商务服务业增加值由 2013 年的 3542.716 亿元增加到 2017 年的 4802.33 亿元,增加值占大湾区 GDP 比重由 2013 年的 4.53% 提高到 2017 年的 4.61%。

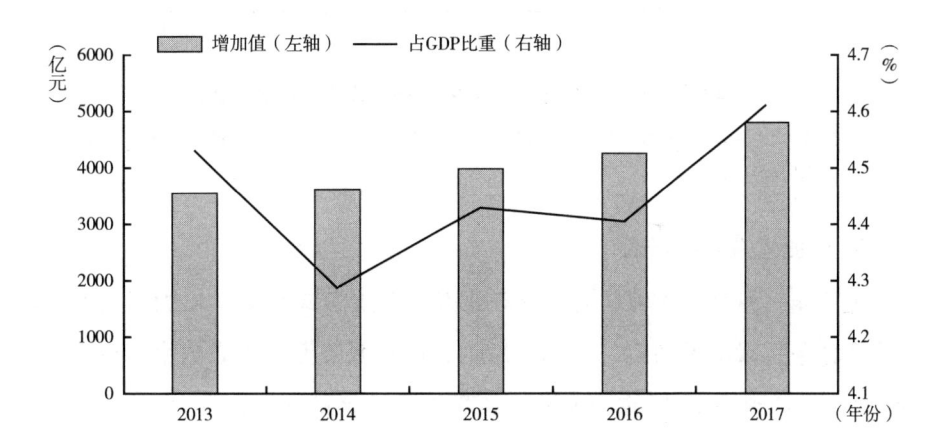

图 2　2013~2017 年粤港澳大湾区商务服务业增加值及其占 GDP 比重

资料来源:2014~2018 年度大湾区内地九市统计年鉴、2014~2018 年度《香港统计年刊》、2014~2018 年度《澳门统计年鉴》。

---

① 全文大湾区内地九市采用租赁和商务服务业数据,香港采用专业服务业数据,澳门采用租赁及工商服务业数据。
② 2013~2014 年商务服务业增加值占 GDP 比重下降,其原因在于:2014 年大湾区商务服务业增加值增速为 2.21%,低于当年大湾区生产总值增速(5.61%)。

从区位商[①]角度看，粤港澳大湾区商务服务业专业化水平不断提高，在全国比较优势显著。如图 3 显示，2013～2017 年大湾区商务服务业在全国的区位商均远大于 1，表明大湾区商务服务业专门化程度较高，具有较强的产业区域竞争优势。

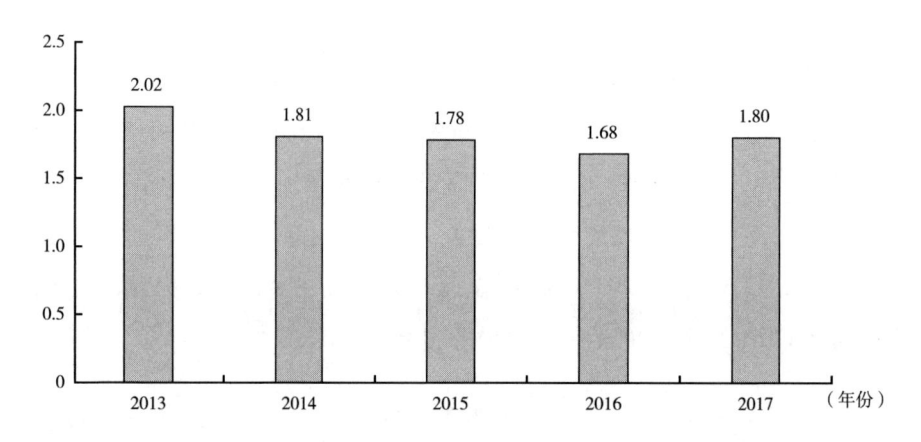

图 3　2013～2017 年粤港澳大湾区商务服务业在全国的区位商

资料来源：2014～2018 年度大湾区内地九市统计年鉴、《中国统计年鉴》、《香港统计年刊》、《澳门统计年鉴》。

3. 就业人数持续增长

近年来，粤港澳大湾区商务服务业就业人数稳步增长，为大湾区商务服务业合作与发展增添动力。如图 4 所示，商务服务业就业人数由 2013 年的 129 万人增加到 2017 年的 183 万人，商务服务业就业人数占大湾区总就业人数比重由 2013 年的 3.07% 上升到 2017 年的 4.16%。

---

① 区位商又称专门化率，是空间分析过程中定量考察多种对象相对分布的主要方法。在区域经济学中，通常用区位商法来测度地区产业的集聚程度，从而判定该区域的优势产业。其计算公式为：$LQ_{ij} = \dfrac{Lij/Li}{Lj/L}$。式中，$LQ_{ij}$ 表示 i 地区 j 产业的区位商，L_{ij} 表示第 i 个地区、第 j 个产业的产出；L_i 表示 i 地区的全部产出；L_j 表示所属地区 j 产业的全部产出，L 表示所属地区所有产业的总产出。若区位商 $LQ_{ij} > 1$，则表明地区 i 的产业 j 在该区域中占有比较优势，竞争力较强。反之，若区位商 $LQ_{ij} < 1$，则表明地区 i 的产业 j 在该区域中处于比较劣势，竞争力较弱。

第四章 粤港澳大湾区商务服务业合作与发展研究

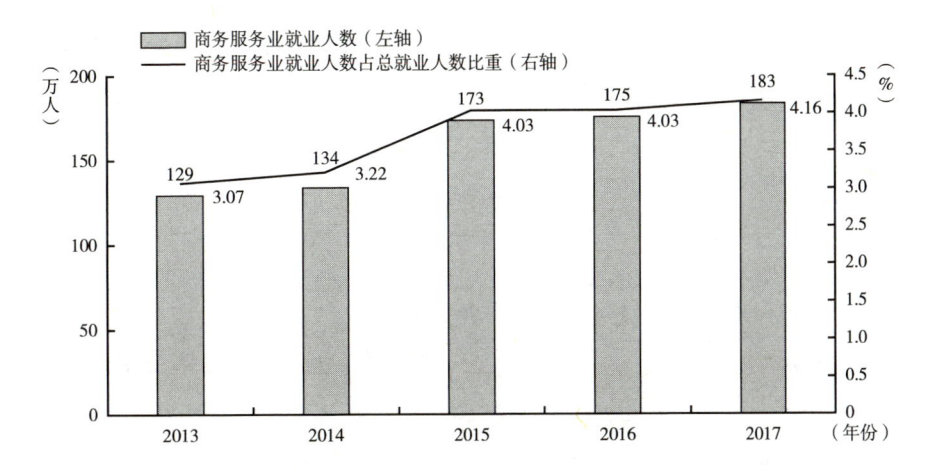

图4 2013~2017年粤港澳大湾区商务服务业就业人数总体情况

资料来源：2014~2018年度大湾区内地九市统计年鉴、2014~2018年度《香港统计年刊》、2014~2018年度《澳门统计年鉴》。

三 粤港澳大湾区商务服务业合作与发展面临的问题

（一）三地商务服务合作机制体制障碍较多

1. 三地商务服务合作政府机制存障碍

一是三地政府沟通协调机制不完善。在CEPA签订之前，粤港、粤澳分别从1998年、2001年逐步建立粤港合作联席会议和粤澳合作联席会议，这是该阶段粤港澳合作协调的主要形式。其中，粤港联席会议每年召开一次，会期一天，由广东省政府与香港特别行政区政府高层人员组成，两地行政首长共同主持。由于两地行政首长对粤港长远发展缺乏统一意见，导致两地政府往往只提出试探性合作议案，无法真正落实。同时，由于缺乏监督协调等组织机构，使得议案不能经过相关部门讨论，无法形成实质性合作。CEPA签订之后，三地政府沟通渠道拓宽，但依然存在沟通效率低下、平台缺失等现象。大湾区政府沟通机制不完善导致商务服务业合作与发展步伐缓慢。

二是信息网络基础设施建设滞后。粤、港、澳三地信息网络平台缺失，智慧城市大数据平台仍在建设之中，造成商务服务信息流通存在障碍，商务服务机构无法及时、准确地获取公共信息资源。香港贸发局于2004年启用CEPA商机中心，但其仍无法满足大湾区商务服务业合作与发展的数据与信息需求。

2. 三地商务服务合作缺乏法律实施机制

粤港澳大湾区呈现"一个国家、三种法系"的特点，大湾区内地九市属于社会主义法系，香港属于英美法系，而澳门属于葡萄牙大陆法系。[①] 在三种不同的法律制度下开展区域商务服务业合作，致使大湾区相关法律冲突凸显。

第一，缺乏商务服务冲突解决机制。粤、港、澳三地法院之间没有交叉管辖权、配合权，缺乏解决法律冲突的最高层协调机构。第二，司法合作存在障碍。粤、港、澳三地法院各自的判决书不能互认，大湾区内地九市企业与港澳企业因商务往来产生的法律冲突无法得到公正裁判和有效执行。第三，已有合作协议的法律性质、地位不明确。CEPA协议缺乏国内意义上的法律依据，导致合作协议的性质、地位和效力在法律上处于不确定状态，影响合作深度和广度。大湾区商务服务业合作缺乏法律实施机制，造成合作进程中法律冲突等问题显著，加大了商务服务业的合作难度。

3. 三地商务服务合作市场壁垒较多

粤港澳大湾区存在行政壁垒、专业资格互认无法落实以及开放程度限制等问题，影响大湾区商务服务业资源配置，造成合作低效率。

第一，行政审批手续复杂。目前，港澳商务服务业进入大湾区内地九市审批程序复杂，审批程序过长，严重降低港澳商务服务企业进入内地市场的积极性。以港澳会展业为例，需提供多种证明材料，展品进出海关需缴纳相

---

① 张淑钿：《粤港澳大湾区城市群建设中的法律冲突与法律合作》，《港澳研究》2017年第3期。

应的押金，摊位费高于内地同行数倍。

第二，专业资格互认无法落实。粤港澳大湾区以法律服务、会计服务、建筑服务为主的商务服务专业资格互认问题一直是阻碍大湾区合作与发展的障碍之一。以法律专业资格互认为例，内地有国家法律职业资格相关规定，港澳也有架构完善的法律制度，但由于内地与港澳属于不同法系，专业环境差异较大，使得两者并不相通，大多数从业人员难以通过对方现行的考试制度取得相应执业资格。此外，虽然CEPA协议进一步扩大了法律服务开放程度，加快了大湾区法律执业资格互认步伐，但在实际过程中仍无法完全落实，对于已经取得内地执业资格的本地居民来说，其资格无法在港澳得到完全承认，同样港澳执业者也无法得到内地的认可；然而对于已经获准在内地执业的港澳工作者，由于教育背景差异，也仅能允许其从事涉港澳婚姻、继承等诉讼法律事务以及内地非法律诉讼事务，仍无法从事民事、刑事诉讼等法律事务。①

第三，港澳专业人才在内地工作，限制依然较多。以会计服务为例，根据广东省现有相关规定，对于在内地担任会计师事务所合伙人的港澳同胞，必须在内地居住至少半年，这一强制性规定提高了跨境就业难度，使其难以兼顾港澳和内地的会计工作；在国民待遇方面，港澳会计师事务所在广东临时执行审计业务而申请《临时执行审计业务许可证》的有效期由两年延长至五年，但其审计报告只可作为参考使用，在广东仍无法律效力，从而抑制了会计从业人员到内地参与会计业务的积极性。

（二）大湾区商务服务业整体竞争力有待提升

1. 商务服务业整体规模比重较小

与金融业相比，粤港澳大湾区商务服务业在规模上存在着较大劣势。如图5

---

① 张小雨：《论CEPA项下内地法律服务市场对香港开放的实践难点与争议》，《法制与经济》2015年第11期。

所示，2013～2017年大湾区商务服务业增加值占GDP的比重基本保持在5%左右，金融业增加值占GDP的比重从2013年的3.49%上升至2017年的6.84%。

与北京、上海等城市相比，大湾区商务服务业增加值占GDP的比重依然过小。2013～2017年，北京市商务服务业增加值占GDP的比重维持在7%左右；2013～2017年，上海市商务服务业增加值占GDP的比重保持在6%左右[1]，均高于大湾区。因此，就目前而言，大湾区商务服务业整体规模比重偏小，阻碍了大湾区商务服务业整体竞争力的提升。

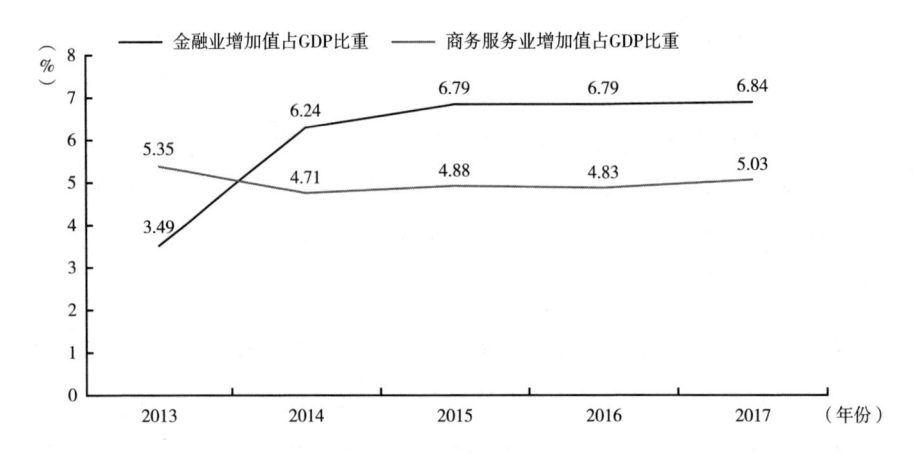

图5　2013～2017年粤港澳大湾区商务服务业、金融业增加值占GDP的比重

资料来源：2014～2018年度珠三角各市统计年鉴、《中国统计年鉴》、《香港统计年刊》、《澳门统计年鉴》。

2. 商务服务业整体增速有待提高

与金融业相比，大湾区商务服务业整体增速缓慢。[2] 2014～2016年[3]，大湾区商务服务业增加值增速分别为2.21%、9.9%、6.78%，分别低于金融业91.53个、6.02个、0.48个百分点；与全国商务服务业相比，2014～

---

[1] 资料来源：2014～2018年度《北京统计年鉴》《上海统计年鉴》。
[2] 资料来源：2014～2018年度珠三角各市统计年鉴、《中国统计年鉴》、《香港统计年刊》、《澳门统计年鉴》。
[3] 缺2013年大湾区商务服务业增加值增速原因：2012年大湾区商务服务业增加值数据不全；2017年大湾区商务服务业增加值增速为13.89%，高于金融业增加值增速。

2016 年，大湾区商务服务业增加值增速分别低于全国商务服务业增加值增速 12.35 个、2.12 个、7.08 个百分点。

3. 商务服务业产业结构有待优化

目前，粤港澳大湾区商务服务业仍以传统商务服务为主，服务提供者与客户往往都是面对面交流。在会展业方面，商家需在会展中心设立展台，通过商品展示及双方交谈促成商务合作；在法律服务上，仍需客户去律师事务所或法律服务机构进行面谈；在人力资源服务上，通常也是招聘、应聘双方通过人才市场进行面试交谈。[①] 传统商务模式对社会资源的开发度、利用度并不高，造成大湾区尤其是重要节点城市[②]商务服务业发展滞后，产品附加值低，处于产业链条的底端，产业结构亟待转型升级。

（三）大湾区内部商务服务业发展差距较大

1. 商务服务产业规模差异较大

由图 6 可知，粤港澳大湾区内部商务服务产业规模存在较大差异。2017 年，广州、香港、深圳商务服务业增加值分别为 1669.16 亿元、1067.32 亿元、701.03 亿元，居大湾区前三位；珠海、江门和肇庆位于大湾区后三位，分别比当年广州商务服务业增加值低 1594.42 亿元、1622.21 亿元、1625.08 亿元。大湾区内部商务服务产业规模差异进一步扩大了大湾区内部发展不平衡的问题，不利于提升大湾区经济整体竞争力。

2. 商务服务业规模比重差异大

由图 7 可知，粤港澳大湾区各城市商务服务业增加值占各自 GDP 的比重存在较大差异。2017 年，广州、中山、东莞商务服务业增加值占各自 GDP 的比重分别为 7.76%、7.44%、6.19%，居当年大湾区前三，澳门、

---

① 苏夏怡：《现代商务服务业发展研究》，《中国市场》2012 年第 41 期。
② 包括珠海、东莞、惠州、佛山、中山、江门、肇庆。

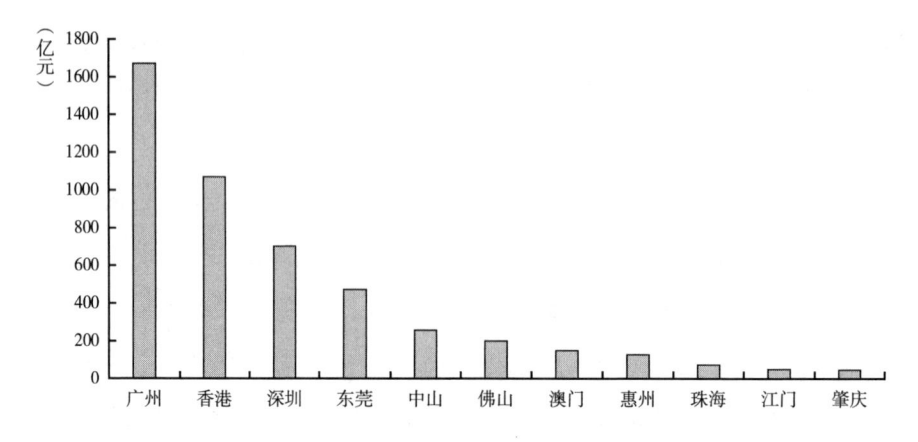

图 6　2017 年粤港澳大湾区各城市商务服务产业规模

资料来源：2018 年大湾区内地九市统计年鉴、《香港统计年刊》、《澳门统计年鉴》。

香港、惠州、深圳分别位于大湾区第四、五、六和七位，而江门、肇庆、佛山商务服务业增加值占各自 GDP 的比重位于大湾区后三位，均为 2% 左右。规模比重的差异反映出商务服务业在大湾区各城市经济发展中的贡献程度差距较大，也表明大湾区内部商务服务业发展不平衡。

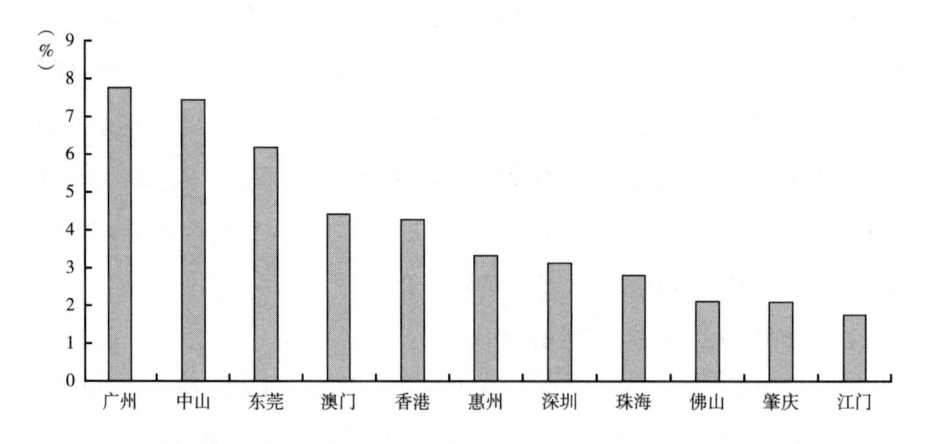

图 7　2017 年粤港澳大湾区各城市商务服务业增加值占各自 GDP 的比重

资料来源：2014～2018 年度大湾区内地九市统计年鉴、《香港统计年刊》、《澳门统计年鉴》。

（四）大湾区商务服务业发展环境待完善

1. 缺乏完善的信用体系

良好的诚信体系能为商务服务业正常运行起到重要保障作用。然而目前粤港澳大湾区商务服务企业信用信息体系有待完善，奖惩机制尚未建立，企业缺乏自律机制，导致企业之间诚信缺失、竞相压价和各类投机行为。例如，在会计、审计行业，经营过程中存在假账现象；一些企业利用低收费或不收费手段抢占客户资源，在降低企业服务质量的同时，也使得整个商务服务业市场环境遭到破坏。

2. 缺乏充足的市场需求

当前，粤港澳大湾区许多企业尚未认识到商务服务对企业发展所起的倍增作用，往往对商务服务尤其是以咨询和中介行业为主的商务服务仍存在认识误区和偏见，不愿支付高额的咨询服务费用。对于一些已经意识到咨询重要性的企业来说，在选择咨询机构、急需何种咨询、实现何种咨询目的、咨询过程中如何配合咨询机构、如何实施咨询意见等许多问题上认识模糊，在一定程度上把咨询作为宣传、炒作的手段，导致商务咨询需求的社会化、市场化程度较低。[①]

3. 商务服务业高端人才不足

第一，粤港澳大湾区商务服务业人才数量有限。据统计，粤港澳大湾区尤其是珠海、惠州、东莞、江门、肇庆等城市在法律、会计及会展等领域的智力资源较为稀缺。[②] 在会展服务上，大湾区会展服务专业人才比例较低，设计理念仍停留在产品展销、成果展览的层次上。在广告业领域，大湾区创意型人才非常稀少，且受西方文化影响，出现盲目追赶西方模式、广告制作缺乏原创性等问题。

---

① 顾乃华、李雨珣：《浅论粤港澳商务服务业合作》，《岭南学刊》2009年第2期。
② 左连村、温箐：《粤港澳服务业重点领域合作的新思考》，载林吉双主编《广东外经贸蓝皮书：广东对外经济贸易发展研究报告（2012~2013）》，社会科学文献出版社，2013。

第二，大湾区商务服务业人才质量有待提高。大湾区受过高等教育的商务服务业人才比例偏低。以广州为例，从事金融业、商务服务业的人数分别为5758人、5643人，拥有大学专科及以上学历的从业人员分别占各自从业人数的76.68%、59.13%。① 可见，商务服务业高学历从业人员的比例较金融业低。

第三，粤港澳大湾区特别是大湾区内地九市商务服务业人才的国际化水平较低，通晓外语和国际运作的专业人才不足，国际竞争力有待提高，阻碍了商务服务业对外发展。

四　粤港澳大湾区商务服务业合作与发展的重点

（一）广告业的合作与发展方向

1. 提高三地商业文化环境契合度

第一，加强广告文化交流与合作。粤港澳大湾区应加强整合各类广告文化资源，培育大湾区广告文化中心功能，打造"粤港澳大湾区广告文化艺术节"等品牌项目，围绕粤港澳大湾区广告文化建设的提升与优化，用好国际广告会议、大型展览等活动平台，构建"一带一路"广告文化艺术合作交流机制，增进国际广告文化交流互通，为大湾区广告协同发展营造良好的文化环境。第二，发挥行业协会作用。港澳应主动增进与大湾区内地九市行业协会的交流合作，及时了解大湾区内地九市广告文化环境发展动态。第三，发挥政府主导作用。一是港澳政府应加强对本地居民的中华传统文化教育，增进本地广告企业对传统文化的了解，鼓励港澳广告业积极吸收融合大湾区内地九市的文化元素，使其适应大湾区内地九市的文化需求；二是大湾区内地九市也应鼓励广告企业积极"走出去"，学习借鉴港澳先进的广告文化和设计理念，拓宽视野，与时俱进。

---

① 根据2015年1%人口抽样调查的结果计算所得。

2. 加强内地与港澳广告公司的合作

第一，营造良好的广告行业发展环境。粤港澳大湾区要积极利用互联网和大数据，打造大湾区广告信息公共网络平台，促进大湾区广告资源要素流动及信息资源共享；在政策措施上，大湾区内地九市要勇于鼓励企业"走出去"，加强与港澳企业的合作，对满足条件的广告企业实行相应的税收减免、资金扶持等优惠政策。第二，探索粤港澳广告企业可接受、可实行的合作利益机制和约束机制。在利益分配上，粤港澳政府应明确分配方向和方式，具体要求应根据广告企业双方情况进行具体分析；在约束机制上，粤港澳政府应制定约束三地广告企业经营行为的大致框架，相应细则可由合作双方商量明确，在不损害双方利益的前提下进行深入合作与交流。

3. 重点培育互联网广告产业

一方面，粤港澳大湾区政府应充分利用现代信息技术，鼓励、支持、引导传统广告业向互联网广告业优化升级。另一方面，粤港澳大湾区应推动大数据、物联网、云计算及移动互联等企业与广告企业进行深度融合，力争培育一批在全国乃至全球具有重大影响力的DSP（需求方平台）、SSP（销售方平台）、DMP（数据管理平台）互联网广告平台公司。

（二）法律服务的合作与发展方向

1. 提高法律制度与国际接轨程度

第一，粤港澳大湾区内地九市应率先加强法律制度与港澳的联系，继续深入学习港澳法律制度，积极借鉴港澳法制经验，推动不同法律制度之间经验共享、优势互补。第二，逐步实现大湾区内地九市法律制度与国际通行准则协调化，推动国内法律在立法、精神和形式上与国际通行的立法、精神和形式相衔接。第三，为进一步加强立法和司法透明度，大湾区应加快建立法律法规文本交流制度，实现大湾区法律工作者及时了解法律法规的变化情况，加强大湾区内地九市对港澳及国际法律法规的了解，并根据国际形势及时进行完善优化。第四，粤、港、澳三地在坚持国内基本法律制度的前提下,积极借鉴国外法制经验,不仅实现在民商法领域与国际接轨,而且实现在刑事、行政、财政等公法领域与国际接轨。

2. 加快律师执业资格互认

第一,粤港澳大湾区应贯彻落实 CEPA 关于港澳律师申请内地律师执业资格的相关规定,降低港澳律师在内地的执业门槛;同时,进一步扩大 CEPA 协议中律师执业资格限制的开放程度,例如放开对港澳律师工作年限的限制,加快学历及工作经验互认。第二,在法律执业考试的课程设置上,粤港澳大湾区三地要适当添加各地所关切的核心法律知识课程,增加三地法律人才的相关法律知识,促进对各地法律知识的了解,提高各地法律资格考试通过率。第三,大湾区要加快引进先进的国际职业标准和认证体系,为大湾区律师执业资格互认问题提供可接受、可实施的认证标准。第四,大湾区要充分发挥行业协会在律师执业资格互认问题中的作用,通过树立行业规范来推进大湾区律师执业资格互认制度建设。第五,大湾区三地政府应加强交流协商,探讨推进大湾区律师执业资格互认方案,为大湾区律师执业活动提供重要保障。

3. 加快法律服务集聚区建设

第一,加大政策扶持力度,优化法律服务集聚发展环境。粤港澳大湾区各城市政府应加快出台发展法律服务的政策措施,逐步增加对法律服务集聚区的资金支持,协助符合条件的法律服务机构申请产业发展引导资金。第二,重视公共服务平台建设,完善集聚发展功能。公共服务平台是通过组织整合、集成优化各类资源,提供共享共用信息资源、基础设施等服务的发展载体,是法律服务集聚区建设必备的基础条件。一是加快大湾区法律信息网络平台建设,设立"大湾区司法协助中心",实现各类法律服务机构便利、及时和准确地获得相应法律信息,提高法律服务效率。[①] 二是搭建法律服务集中宣传平台,打造大湾区法律品牌效应。积极利用互联网、电视、广播等手段提高大湾区法律服务建设知名度。

---

① 莫然、李峥:《粤港澳大湾区法律服务的聚合与发展》,《探求》2019 年第 2 期。

（三）会计行业的合作与发展方向

1. 推进会计准则国际化

第一，加强会计准则国际合作。粤港澳大湾区要积极参与国际财务报告准则基金会的相关事务以及国际财务报告准则的制定工作，进一步增强我国在国际财务报告制定中的话语权、影响力，积极争取制定对我国企业发展有利的会计准则。第二，继续推进会计准则向国际趋同。首先，立足大湾区实际情况，实现大湾区内地九市逐步适应国际财务报告准则发展趋势，继续推进内地与港澳及国际会计准则趋同步伐；其次，大湾区应积极争取国际会计准则理事会新兴经济体工作组、中日韩会计准则制定机构会议等的支持，为大湾区企业会计准则的建设和国际趋同营造良好的发展环境。

2. 实现会计人才资格全面互认

第一，借鉴美国经验[1]，加快广东省财政厅与港澳会计师公会签署会计互认协议的步伐，为粤港澳大湾区会计行业互利共赢奠定基础。第二，制定港澳会计人才执业管理办法。以粤港澳大湾区为试点区，允许具有港澳执业资格的会计人才为大湾区其他城市提供相应服务。第三，大湾区内地九市应允许港澳合格会计服务人才以服务贸易自然人流动的形式为其提供高端会计服务。第四，拓展"一试三证"（一次考试即可获得国家职业资格证书、港澳官方认证及国际权威认证）范围，实现大湾区一次会计考试则可颁发内地和港澳三地的会计执业资格证书，达到粤港澳大湾区会计资格全面互认。其中，在一次考试方面，大湾区可吸纳智库机构的相关建议：由珠三角注册会计师协会、香港会计师公会共同组织会计资格考试，考卷以中英双语命题，进而扫除会计人才参与考试所面临的语言障碍。[2]

---

[1] 2011年在美国全国州会计委员会联合会（NASBA）第104届年会上，美国国际会计资格评估委员会（U.S. IQAB）与香港会计师公会（HKICPA）签署了一份为期五年的互认协议，为美国与香港会计行业的互利合作奠定了基础。

[2] 朱峰：《粤港澳大湾区会计合作的变迁与发展趋势》，《财会月刊》2019年第10期。

3. 实现会计人才跨境执业便利

第一，将南沙、前海、横琴等粤港澳人才试验区范围扩大至大湾区内地九市。对于在粤港澳大湾区工作的港澳居民，实行免办《港澳人才就业证》，允许具备一定专业资格和技能的专业人才自由流动。第二，大湾区内地九市应适当放宽港澳会计师在内地担任合伙制会计师事务所合伙人时，每年需在内地居留不少于6个月的时间限制。第三，实现人才跨境通关便利化。取消粤港澳人才三地来往的通行证，实现三地人才来往"无证化"。针对外籍人才进一步完善签证便利服务政策，优化珠三角地区"144小时过境免签"政策，推动外籍会计人才"144小时过境免签"预申报平台建设，为过境外籍人才提前进行过境免签申报提供便利，提高通关便利化程度。

（四）会展业的合作与发展方向

1. 简化港澳会展业进入的审批手续

第一，对于经常在粤港澳大湾区内地九市举办活动的港澳会展企业，经公安机关备案后，对其实行一次性审批，节省审批时间和审批成本。第二，充分利用互联网技术，实现网上审批服务。大湾区内地九市应改革传统审批方式，实行"互联网+政务服务"模式，简化审批流程，缩短港澳会展企业办事时间，减少企业跑动次数，降低企业审批成本。第三，大湾区内地九市要加快改变重审批、轻监管的审批模式，进一步深化简政放权，逐步实现由事前审批为主向事中事后监管为主的转变。第四，完善会展行业的法律法规。大湾区内地九市应出台关于港澳会展业进入内地审批手续及审批时间等方面的规定，减少政府行政干预，保证会展市场充分自由、有效率。

2. 提高跨境办展活动的频次

第一，统筹协调粤港澳大湾区内地九市会展配套设施建设。首先，合理规划用地，保证展览会馆建设的需要，满足会展人流众多的要求，保障场馆建设规划合理；其次，完善会展场馆的内部设施和功能，改善场馆结构；最后，完善场馆周边配套设施，如交通网络体系，保证物流、信息流安全到位，为大湾区营造良好的办展环境。第二，出台一系列优惠政策。大湾区内地九市应结合当地经济情况，适当降低展馆收费标准；在税收政策上，大湾区内地九市应给予境外会展企业尤其是港澳企业税收减免优惠，刺激港澳会展企业进入内地办展的积极性。

3. 加快培育大湾区会展品牌

第一，粤港澳大湾区应利用香港、澳门、广州、深圳四大中心城市的优势地位，积极承接全球知名品牌展，加强大湾区会展宣传推广工作，加快提升大湾区会展国际知名度。第二，依托大湾区优势产业，重点扶持、打造一批专业性强、规模大、信誉高、优势突出、覆盖面广、竞争力强的知名会展品牌。第三，大湾区应全面导入 CIS 战略，加强会展质量管理，强化品牌意识，实施品牌延伸策略。第四，引导大湾区会展企业实施品牌战略。大湾区应制定相关标准，建立健全评审机制，制定优秀会展企业及人才的奖励办法，定期表彰优秀会展公司和杰出会展人才，提高企业品牌意识。

五 粤港澳大湾区商务服务业合作与发展对策建议

（一）深化粤港澳大湾区体制机制创新

1. 完善三地政府合作机制

第一，在粤港联席会议和粤澳联席会议下，大湾区应建立中央主导下的政府间联席会议，加强各城市政府间的沟通，为商务服务业发展扫清障碍，同时各城市政府可加入联席会议下的专项小组，积极参与促进大湾区商务服务业合作的相关商务谈判。第二，粤港澳大湾区三地可成立由各城市政府共同组成的商务服务合作事项小组，制定大湾区商务服务业合作规划，推进大湾区商务服务业合作事项进展，促进各城市间的协商合作，协调解决合作争端。第三，大湾区各城市政府可签订合作协定，适当约束各方行为，缓解地方权力之间的矛盾、分歧和摩擦，促进大湾区商务服务业合作一体化。第四，大湾区应加强公共网络信息平台基础设施建设，推广采用5G技术加快形成区域性信息网络，推进信息资源的整合、开放与共享，消除商务服务企业获取信息的障碍。

2. 完善三地商务服务法律实施机制

第一，制定统一冲突法模式。粤、港、澳三地经过协商，可委托专家学者或由三地立法机构来制订出统一适用的冲突规范示范文本，最后由三地立法机关分别通过各自的法律程序赋予其法律效力，解决当前存在的商务冲突。第二，粤港澳大湾区可成立立法研究所，加强大湾区立法学界的沟通交流，举办大湾区立法学界专家立法交流研讨会，围绕大湾区立法实务进行交流研讨，加快搭建大湾区内地九市地方立法与港澳地区立法理论与实务学习借鉴的平台。第三，由粤港澳三地法院联合设立司法管辖委员会，构建司法协调机制，解决地域管辖、专属管辖及协议管辖的冲突。[①] 第四，按照"急用先行"原则，粤港澳大湾区三地可以行政法规形式制定《粤港澳大湾区经济发展促进条例》，借鉴欧盟跨境立法模式，对促进大湾区商务服务业合作与发展中涉及"一国两制"的法律制度衔接等问题做出明确的法律规定，由港澳两地立法机关根据相关程序同意在港澳地区适用。

3. 降低三地商务服务市场壁垒

第一，大湾区内地九市应简化港澳商务服务企业进入广东市场的审批程序，缩短审批时间，提高行政审批工作效率和审批过程透明度，为港澳商务服务企业提供优质高效的服务。第二，加快商务服务专业资格互认。大湾区内地九市应扩大港澳专业人才参与内地专业资格考试范围，减少专业资格考试科目，并尽可能设立港澳专业资格考试考点；进一步扩大大湾区商务服务专业资格考试互认试验区，对符合相关学历要求、满足相应工作经历的港澳人才可直接在试验区执业，同时大湾区内地九市取得执业资格的专业人才也

[①] 杜钢建：《粤港澳合作法律问题研究——完善法律机制，为粤港澳紧密合作区服务》，《太平洋学报》2009年第1期。

可在港澳就业。第三，大湾区内地九市要进一步放开港澳人才比例、工作时间、资金要求等方面的限制，降低港澳商务服务业进入大湾区内地九市市场的准入门槛。

（二）着力提升大湾区商务服务业整体竞争力

1. 以金融全面开放带动商务服务业发展

粤港澳大湾区要主动对接国家金融开放政策，充分依托金融业在大湾区的优势地位，加快对接、转化国家金融业全面对外开放的政策机遇，以金融业全面开放带动商务服务业发展。金融业的对外开放与招商引资可扩大商务服务业市场需求的深度与广度，为大湾区商务服务业发展夯实市场基础。大湾区应积极开展银行间业务合作，进一步加强资本市场业务合作，逐步开放金融中介市场。积极打造"粤港澳大湾区产业金融中心"，成立联合建设和发展运营实体，全力吸引一批创投基金、保险基金、产业基金、股投基金企业以及一批金融机构、资产管理机构和投融资中介机构进驻，形成较为完整的产业链和金融商务产业集群规模。同时支持建立大湾区政府、银行同业公会、银行监管部门高层定期会晤机制，携手打造粤港澳大湾区金融基础设施平台，进一步加强大湾区内地九市与港澳金融机构、市场、业务、人才、信息等各种金融要素之间的交流与合作。

2. 进一步提升商务服务业对外辐射能力

重点加强粤港澳大湾区与"一带一路"沿线地区在商务服务领域的投资合作，不断提升商务服务业经济能级和对外辐射力。大湾区商务服务业也要加快国际化发展步伐，加强与全球主要经济体以及与大湾区经济实力相近的国家及地区的交流合作，充分把握主动权，及时反映大湾区相关标准、准则的特定需求，推动相关国际标准、准则的制定，并体现对全球经济体的广泛适用性，进一步提高大湾区在国际商务服务业标准制定中的话语权。同时大湾区也应鼓励有条件的商务服务机构"走出去"，进一步开拓商务服务业的国际市场。

3. 加快商务服务业结构优化升级

加快粤港澳大湾区信息网络技术发展和广泛应用步伐，大湾区各城市政府应鼓励、支持、引导商务服务企业积极运用现代信息网络技术，改变传统的用户交互方式。在会展业方面，大湾区要推广使用三维虚拟技术，实现立体互动，增加用户体验；在法律服务方面，加快建立大湾区法律服务电子商务平台，创新律师与客户信息交流方式；在人力资源服务方面，借助互联网发布招聘、求职信息时，大湾区也应推广使用互联网在线应聘方式，发展商务服务新业态，增加新的商务服务业务。通过高新技术的运用，逐步实现从传统商务服务业向现代商务服务业的转型升级。

（三）构建粤港澳大湾区商务服务业协同发展新格局

1. 进一步提升四大中心城市商务服务业竞争力

第一，重视商务服务业品牌建设。四大中心城市应进一步强化商务服务企业主体意识，加快企业品牌建设步伐；加强商务服务品牌规划，建立差异化品牌优势。第二，增强四大中心城市商务服务业创新能力。一方面，在商务服务行业内倡导自主创新，注重提升企业创新能力；另一方面，完善知识产权保护机制。发挥知识产权保护和促进自主创新的重大作用，营造良好的创新环境，为四大中心城市商务服务业竞争力的进一步提升提供重要保障。第三，进一步扩大四大中心城市商务服务业对外开放的程度。把握新一轮国际服务业转移机遇，推动商务服务业利用外资从外延的简单扩张向内涵的深化拓展，带动四大中心城市商务服务业能级提升。在大力承接商务服务外包的基础上，四大中心城市应逐步扩大业务流程和外包规模，建设国家服务业外包基地。同时四大中心城市也应鼓励和支持商务服务等重点领域的服务贸易出口，积极培育一批具有国际竞争力的大型商务服务贸易企业。

2. 加强优势互补，促进错位发展

统筹协调粤港澳大湾区各城市发展，合理定位，避免同质竞争，形成分

第四章　粤港澳大湾区商务服务业合作与发展研究

工合理、优势互补、错位发展的产业格局。第一，加强优势互补。大湾区应发挥港澳两地商务服务业的国际化优势，引进优质商务服务资源，发挥竞争和示范效应，改善大湾区内地九市商务服务供给水平，提高商务服务业国际竞争力。同时，大湾区内地九市应充分发挥制造业优势，支持港澳商务服务产业落地，提供广阔的内需市场，拓展港澳商务服务业发展空间。第二，促进错位发展。在会展业方面，大湾区应进一步提高香港国际高端会议展览中心的优势地位，鼓励、支持和引导澳门加快培育具有国际影响力的会议展览品牌，推动广州、深圳会展业拓展国际市场，提升国际竞争力，大湾区内地七市[①]应把握大湾区会展合作机遇，促进会展业更上一层楼。在广告业方面，四大中心城市应积极承接国际广告节等活动，打造国际广告中心，大湾区内地七市应借助港澳优势资源提升广告业品质，加快广告业培育步伐。在会计、法律、建筑等其他商务服务业领域，港澳要进一步发挥国际化优势，加强商务服务国际优质资源引进，增强自主创新能力，积极参与国际商务服务规则的制订和商务服务领域的国际事务治理，把握主动权，大湾区内地九市应加快在会计、法律、建筑等领域的专业准则国际化步伐，加强与国际市场融合，提升国际竞争力。

（四）优化商务服务业发展环境

1. 建立良好的信用体系

第一，建立"守信激励，失信惩戒"的信用管理规则。粤港澳大湾区各城市政府应加强对商务服务企业的监管，建设大湾区统一的商务服务企业信用信息平台，实现商务服务企业信用信息的公示及可查询。第二，大湾区要严厉打击失信、违规等破坏商务服务业市场秩序的不良行为，大力倡导守信和规范服务，加强对商务服务企业和人才的信用教育，努力营造诚实守信的社会氛围。第三，大湾区应重视行业协会在引导商务服务业发展、规范商

---

① 包括：珠海、东莞、惠州、佛山、中山、江门、肇庆。

务服务业市场秩序等方面的作用，制定并执行行规行约和各类标准，协调商务服务企业之间的经营行为，同时对该行业产品和服务质量、竞争手段和经营作风进行严格监管，杜绝商务服务企业的不良行为。第四，大湾区要加快社会诚信体系建设步伐，形成全社会自下而上的监管模式，为大湾区商务服务业合作与发展打造一个良好的发展环境。

2. 推进商务服务市场化进程

加快粤港澳大湾区政府、企业的业务外包步伐，着力扩大大湾区商务服务业市场有效需求。进一步加大大湾区政府部门、公共机构等对商务服务的采购力度，尤其向咨询与调查、会展服务、办公服务等行业市场释放需求。同时大湾区应进一步引导、鼓励和支持高新技术企业、流通企业外包商务服务业务。加快搭建大湾区商务服务业务对接平台步伐，组织大湾区咨询与调查、会展服务、广告业等商务服务企业与生产、流通企业开展业务对接活动，充分挖掘潜在市场需求。

3. 完善商务服务人才支撑体系

一是创新人才培育体系。大湾区要加快形成政府、企业、高校联合培养商务服务人才新机制，进一步完善商务服务人才"政府引导、企业协作、高校培育"的培训体系建设，引入国际优质培训资源，加快与国外开展商务服务人才教育培训项目的步伐，对商务服务专业人才开展国际化、前瞻性和定制式的商务服务业专题培训。二是完善商务服务专业人才评价与激励机制。粤港澳大湾区应建立商务服务专家小组，对商务服务专业人才的学习水平、能力及职业素养等进行全方位评价，构建商务服务专业人才核心能力指标评价体系，采取薪酬、奖金激励等方式提升商务服务专业人才满足感。以广告业为例，大湾区可通过每年定期举办广告赛事，设立各类广告创意人才奖金，以及开展"广告创意新人""创意大师"等评选活动，为大湾区企业挖掘广告业内人才和储备后备人才提供渠道。三是引进商务服务人才。大湾区应学习借鉴发达国家吸引国际商务服务高端人才的经验和做法，争取国家移民部门的支持，先行先试技术移民制度，符合认定标准的外籍高层次人才及其配偶、未成年子女可直接申请在大湾区永久居留；为符合条件的外籍高层次人才雇聘的外籍家政服务人员提供居留便利。同时发挥南方人才市场等人力资源服务机构集聚粤港澳大湾区的优势，鼓励猎头机构发展，搭建商务服务企业与猎头机构的供需对接和精准匹配平台，打造大湾区商务服务人才集散地，为大湾区商务服务业发展提供人才保障。

· 第五章 ·

粤港澳大湾区高等教育合作与发展研究

孙波　朱文博浩[*]

2019年2月18日，为全面贯彻党的十九大精神和"一国两制"方针，充分发挥粤港澳综合优势，深化粤港澳合作，中共中央、国务院印发了《粤港澳大湾区发展规划纲要》（以下简称《纲要》）。《纲要》以纲领性文件的形式，指导近至2022年、远至2035年，粤港澳大湾区当前和今后时期的合作与发展。在《纲要》"建设宜居宜业宜游的优质生活圈"一章的首节"打造教育和人才高地"中，明确提出要推动粤港澳大湾区教育合作发展，建设人才高地。这是推动大湾区教育高质量发展的必然要求，也是新时代粤港澳大湾区合作发展的必然选择，更是大湾区参与国际竞争增进国际合作的基石。

育才造士，为国之本。教育是重中之重，高等教育是艰中之艰。教育对推动粤港澳大湾区高等教育的合作发展、共荣共进具有重要而特殊的使命和作用。

---

[*] 作者简介：孙波，研究员，广东外语外贸大学国际服务经济研究院（国际服务外包研究院）副院长；朱文博浩，助教，广东外语外贸大学经济贸易学院博士研究生。

一 粤港澳大湾区高等教育合作的现实需求

从地域层面来看,长期以来形成的地域融合优势和人口与血缘优势以及近年来的政策措施,都促进了大湾区在人才培养与合作方面的现实需求。

(一) 地缘优势

2017年7月1日,正值香港回归20周年,粤、港、澳三地共同签订《深化粤港澳合作 推进大湾区建设框架协议》,正式确定粤港澳大湾区的地理概念为"九市+二特区",即广东九市:广州、深圳、珠海、佛山、中山、东莞、惠州、江门、肇庆(以下简称"珠三角九市"),香港特别行政区和澳门特别行政区。粤港澳大湾区(以下简称"大湾区")总面积约为5.6万平方千米,占全国国土面积的0.6%,截至2018年末,大湾区总人口约7116.0万,经济总量超过10万亿元。[①]

作为我国经济活力最强、开放程度最高的区域之一,大湾区的地理位置独特且极具优势。珠三角九市临近港澳,与两特区形成环抱之势,扼珠江入南海的出海口,是我国南部沿海区域重要的交通枢纽和港口城市群。亚洲沿海大中心的地理区位显著优势,使大湾区对外贸易发达,仅珠三角九市中的深圳一市进出口总值对全国的贡献率超过1/10。湾区坐拥吞吐量前十位中的三大港口——深圳港、香港港和广州港,是我国对外贸易的重要门户。

大湾区交通运输网络发达,基础设施建设良好。铁路、公路和航空等现代综合交通体系打造的开放空间,助力物流、人流和商流的畅通便捷。2018年10月,世界上最大的跨海大桥——全长55千米的港珠澳大桥正式竣工开通,首次实现了珠海与两特区间的陆路连接,成为珠江三角洲地区

---

① 数据来源:根据广东统计局、中商产业研究院相关数据整理。

环线高速公路南环段的重要通路,打造出更加高度一体化的交通基建设施,促进珠江西口岸湾区城市群与港澳特区的进一步融合,提升了大湾区区域竞争力。

地理上的临近性有助于知识的溢出和互换,为大湾区人才库的储备提供了源源不断的人力资源,成为大湾区知识经济和创新发展的动力之源。

(二) 人缘优势

截至2018年底,大湾区的常住人口达到7115.98万人,数量较上年同期增长2.28%,增加158.82万人(见表1),其中,广州和深圳两个超级大城市人口净增加数量分别为40.60万人和49.83万人,占总增加人口的将近2/3。随着"一小时生活圈"的加速推进,大湾区人员、人才将更为快速地聚集和流动,中国国民经济研究所所长樊纲预测,到2050年,大湾区的人口将达到1.2亿~1.4亿。

表1 粤港澳大湾区人口基本情况

指标	2015年	2016年	2017年	2018年
年末人口(万人)	6669.92	6800.69	6957.16	7115.98
珠三角九市	5874.27	5998.49	6150.54	6300.99
香港	730.97	737.71	741.31	748.25
澳门	64.68	64.49	65.31	66.74
人口密度(人/平方千米)	1193	1217	1244	1273
珠三角九市	1073	1095	1123	1150
香港	6607	6668	6700	6763
澳门	21276	21144	21205	21669

资料来源:根据国家统计局数据整理所得。

粤港澳大湾区中,广东毗邻港澳,港澳同胞的4/5以上祖籍为广东。粤语(即白话)是广东省的主要方言,更是两特区的通行语言。同根同源的文化和语言体系、相近的人口特征与地理渊源,使得粤港澳三地在文化融合、经济发展、科技创新与合作上都具备显著优势。加之"一国两制"制度的科学性与优越性，更加弱化了粤、港、澳三地的隐性屏蔽效应，为三地在文化艺术、风俗习惯、价值观念、社会心理等人文社科方面的融合扫清了障碍。

（三）政策契机

2012年，粤、港、澳三方协同发布建设"粤港澳优质生活圈"的美好愿景。2014年之后，粤港澳大湾区在政策引导下GDP增长屡创新高（见图1）。2015年，"一带一路"顶层设计规划《推进共建丝绸之路经济带和21世纪海上丝绸之路的愿景与行动》提出"深化与港澳合作，打造粤港澳大湾区"。2017年，《政府工作报告》正式确定"研究制定粤港澳大湾区城市发展规划"；同年7月，在国家主席习近平的见证下，香港特别行政区行政长官林郑月娥、澳门特别行政区行政长官崔世安、国家发展和改革委员会主任何立峰、广东省省长马兴瑞在香港共同签署了《深化粤港澳合作推进大湾区建设框架协议》。该协议明确了大湾区的空间概念，为粤、港、澳三地开展高等教育发展研究奠定了基础。2019年2月，《粤港澳大湾区发展规划纲要》发布，以文件的形式为大湾区三地教育合作发展定向。由此，粤港澳大湾区建设成为新时代国家的重大战略，教育在其中的特殊作用凸显。

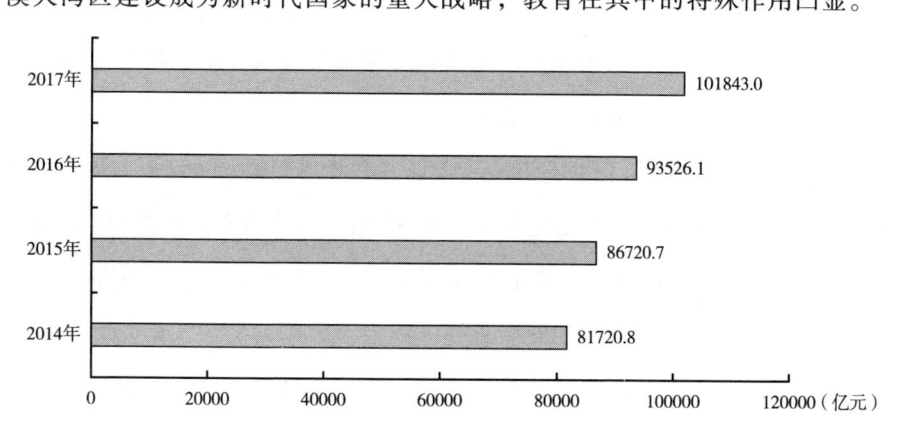

年份	GDP（亿元）
2017年	101843.0
2016年	93526.1
2015年	86720.7
2014年	81720.8

图1　2014~2017年粤港澳大湾区GDP

资料来源：广东省社会科学院《粤港澳大湾区建设报告（2018）》。

(四) 大湾区"一二三四"的复杂特点

2018年4月8~11日,"博鳌亚洲论坛2018"正式提出关于大湾区的"一二三四":一个国家,两种体制,三个关税区,四个核心城市。这是大湾区最大的特点,同时也是最大的难点和痛点。

当前,经济全球化、社会信息化、文化多元化,加之"一带一路"建设深入推进,为地缘相近、人缘相亲和文化相融的大湾区高等教育的发展提供了新的平台和机遇;但在"一国两制"下粤港澳社会制度的不同造就了教育体制的差异,人才高效便捷流动的良好局面尚未形成。大湾区核心城市广州、深圳和两特区发展较为迅速,相比大湾区其他地域,教育发展水平差距较大,整体协同性有待加强,部分地区和领域存在教育资源不平均等现象。大湾区的高等教育区域发展面临严峻挑战。

二 粤港澳大湾区高等教育合作与发展现状

(一) 珠三角地区高等教育发展状况

粤港澳大湾区的珠三角九市高等教育发展学科较为齐全,拥有不同层次的高等院校和较为完整的人才培养体系。

截至2017年,广东省共有高校151所,其中本科院校64所,大湾区的珠三角九市占126所,广州地区共有高校83所,其中本科院校36所(包括5所国家双一流建设高校或广东省高水平大学),中山大学、华南理工大学进入多个世界高校排名的前500名行列。粤港澳大湾区的珠三角九市基本涵盖了广东省的绝大部分高校,拥有高水平大学建设高校7所,高水平大学重点学科建设项目高校7所,高水平理工科大学建设高校7所,应用型本科试点高校14所。

（二）香港地区高等教育发展状况

香港地区拥有9所可颁授学位的高等教育院校，其中8所是由大学教育资助委员会资助的重点发展院校。这8所院校的人文艺术、工程科技、生命科学与药学等学科都位于世界前列，且内地学生占其非本地学生的绝大部分。同时，香港地区还有11所非教育资助委员会资助的可颁授学位院校，分别是：由政府拨款的香港演艺学院，以及财政自给的香港公开大学、香港树仁大学、珠海学院、恒生管理学院、东华学院、明爱专上学院、明德学院、香港高等教育科技学院、香港能仁专上学院、港专学院。

香港的大学都是享有学术自由和高度自主权的机构，在符合香港法律和校董会规定的允许范围之内，拥有自行管理权和内部自主权，从而形成了尊重学术自由和培养高素质人才的大学管理体制。从教育体系来说，香港高等教育系统包括三个层级：副学位课程、学士学位课程和研究院课程。香港有20所可颁授学位的高等教育院校，UGC资助的大学中开设副学位课程、学士学位课程、研究院修课课程和研究院研究课程的大学分别为3所、8所、6所和8所。

从国际化水平上看，香港高等教育的国际化程度较高。在《泰晤士报高等教育特辑》公布的"Times Higher Education World University Ranking 2019"（2019年泰晤士报高等教育世界大学排名）中，从学习环境、研究影响、论文发表、国际展望和知识转移五个维度对世界各个大学进行了综合排名，香港高校就有三所入围，分别是：香港大学（排名第36）、香港科技大学（排名第41）和香港中文大学（排名第55）（见附录1）。在香港工作的教学科研人员大多拥有较高的学位和海外名校的博士学位，很多还在海外高校拥有教职。同时，香港的高校以西方的学术文化和英语作为研究及教学语言，有助于香港高校的学者和教师跻身全球学术界的主流行列，并有助于研究成果发表于世界级学术刊物。

(三) 澳门地区高等教育发展状况

澳门高等教育起点较晚，但起步较快，毛入学率较高，属于高等教育普及化阶段。目前已建立起一套比较完善的高等教育体系以及制度和教学形式规范。澳门良好的教育体系既注重从澳门实际出发体现自身特色，又注重与世界接轨。目前，澳门大学作为国际大学协会（IAU）会员，其学历被世界多数大学和教育机构承认。1997年4月，澳门加入《里斯本协议》（该协议明确说明没有一个协议成员有权利去怀疑设于学历来源地的高等教育学院的水平）。澳门与拉丁语系国家联系密切，在大学教学中葡萄牙语、拉丁语等专业有明显优势。

自东亚大学成立后，澳门目前共有10所可颁授学位的高等教育院校，即公立院校4所、私立院校6所，其中只有澳门大学、澳门城市大学、澳门圣若瑟大学、澳门科技大学4所院校开设研究生课程。从高校类型来看，澳门高校又可细分为教学研究型、专业型、研究型以及教学型四类。澳门的高等院校注重吸引世界各地的教学科研人员，注重教学人员的多样性。聘任的教职人员来自世界各地和中国内陆。

澳门高等教育由澳门社会文化司附属的澳门高等教育办公室负责。澳门高等教育辅助办公室最新高等教育统计数据显示，从2012年到2017年，澳门高校全职教学人员持续增加，2016/2017学年共有1479人，占整体教学人员的65%，其中，具有博士学位的人数稳步上升，共有1047人，占全职教学人员总数的70.79%，师生比为1∶14.16。在国家"一带一路"倡议和国家"'十三五'规划"中，中央政府将澳门明确定位为中葡语国家交流平台。

(四) 粤港澳大湾区三地高等教育合作情况

目前在大湾区内有6所与国外合作的办学单位，分别是：中山大学中法核工程与技术学院、中山大学—卡内基梅隆大学联合工程学院、广东以色列理工学院、深圳北理工莫斯科大学、暨南大学伯明翰大学联合学院与东莞理工学院法国国立工艺学院联合学院。通过合作办学，大湾区高校教育在实践中一定程度上引进了国外的先进资源与教学理念，具有可观的发展实践价值，提升了广东教育发展水平，同时防止了人才的外流。

在学术国际化的大背景下，香港教育界为粤港澳大湾区的科研创新能力做出显著的贡献。香港与深圳共同建立了相关研究机构进行研究和教学，分别是：香港中文大学深圳研究院（CUHK SZRI）及其附属的深圳先进技术研究院（SIAT）、香港科技大学深圳研究院（HKUST SRI）、香港城市大学深圳研究院（CityU SRI）、香港大学的滨海医院（BH）以及深圳研究院（HKU SIRI）、香港中文大学深圳校区等。

2010年，广东启动了"广东高校国际暨港澳台科技合作平台"建设工作，推动粤港澳高校科技创新资源的优势互补与共建共享。截至目前，已立项建设了78个平台。广东省教育厅还争取教育部同意实施"粤港澳联合实验室建设计划"，首批立项建设5家实验室。此外，广东省还建立了广州南沙资讯科技园、深港产学研基地、香港科技大学霍英东研究院、深圳虚拟大学园区等合作基地。同时，粤港澳高等教育合作交流机制也不断完善。粤港、粤澳教育行政部门分别签署了《关于加强粤港高等教育交流合作备忘录》《关于加强粤澳高等教育合作备忘录》，成立了"粤港澳高校创新创业联盟""粤港澳高校联盟""粤港澳大湾区音乐教育和艺术发展联盟"等，定期召开三地联席会议。

三 粤港澳大湾区高等教育合作与发展的现实困境

目前，粤港澳大湾区各城市未来发展的方向及定位已经明确。香港定位为世界级金融中心及物流中心，澳门着力打造成全球旅游娱乐休闲中心，广州是岭南文化中心和华南重工中心，深圳为国际创新服务中心，东莞为全球IT制造业基地，佛山为国际产业制造中心，珠海为国家级大装备制造业中心，中山为中国白色家电基地之一，惠州为世界级石化产业基地，江门为国家级先进制造业基地，肇庆为传统产业转型升级集聚区。

当今世界，其他三大世界级湾区的崛起，都离不开高等教育的发展和人才的培养。从国际实践经验来看，高等教育发展是打造一流湾区的核心要素，有力推动了一流湾区形成强大的科技创新能力。同时，完善的高等教育体系和发达的高等教育也是建设一流湾区的重要支撑。目前，粤港澳大湾区经济领域合作紧密，但教育与科技合作相对滞后，尚未形成推动大湾区经济社会发展的有效合力。

目前，珠三角九市高等院校存在区域分布不平衡、高水平大学与学科比例不高的问题。受经济发展水平、办学条件等对生源与就业的影响，高校分布集中在中心城市带。其中，广州一市的高校数量占九市的57.8%，其他城市教育资源不足，人才的供给量不能支撑大湾区经济的共同发展。

（一）三地高校管理运作存在差异

1. 管理体制方面

综观粤、港、澳三地高等教育的管理体制，港澳高校在院校管理、人才培养和知识创新的体制建设上都有较大的行政自治能力。

香港教育体系多沿用英制，师资高度国际化，实行教授治学。高等教育有为学生提供综合技术和专业教学的私立院校、授予职业资格和本科阶段的职业训练局成员院校、八所政府资助的大学等诸多选择范围。港校的行政管理体制有自身的特色：构架复杂、分工细致、问责清晰。如香港院校均设有校董会，以作为大学或学院的最高权力机构和立法机构。校董会决定和聘任高级行政职员（如校长、监督、司库和研究院院长、教务长等）及教师。以校长为首的教务委员会作为学校最高的教务决策部门，校董会下再设多个职能委员会作为各级行政首长（院长）的咨询和决策机构。

澳门高校在葡语、中医药和微电子等学科教育方面具有优势。在"一国两制"制度下，澳门高等教育在办学模式、管理体制、经费拨款和学科发展上独立性较大。澳门目前有 10 所高等教育院校和 2 所研究机构，除澳门大学、澳门科技大学和澳门城市大学等几所有限的院校外，大部分属于微型院校，澳门的部分院校由政府负责监管，部分由私人企业负责组织监管。

港澳政府在院校管理方面，一般只提供建设性意见，承担促进院校间交流沟通和监督的角色。港校一般通过院校各种规章制度和章程建设，从法律规范角度确认和保障了院校的自主管理权。澳门特区辖下的澳门高等教育辅助办公室与各个院校平级，给澳院校行政自治提供了保障。而对内地的高校管理，在经历诸多体制改革后，高校高级管理人员与政治体系接轨，高校功能体现并承接了一定的管理体制，是体制运作的载体。这就导致即使是国际一流高校的管理人员，其最高管理职位也受到政治和官僚导向的影响，一定程度上，使得高校容易偏离科研单位的定位，而属性偏向政治官僚单位。另外，这也造成高校的学术风气间接掺杂了一定复杂的人际纠纷和行政关系，对人才培养、知识创造和学术自由都造成了一定的影响和阻碍。

2. 办学模式方面

从办学模式上看，珠三角九市中，深圳特区近年来有诸多中外合作知名院校的兴办和崛起，国内一流院校中，很多院校也选择深圳作为分校区的设置地。但除深圳外，珠三角九市的其他城市在民办院校（见附录2[①]）、合作办学和独立院校（见附录3）方面都还没有形成兴盛的局面或取得一定增长。

从榜单发布的独立学院排名看，前 50 强中广东省有 9 所上榜；民办院

[①] 本次评价由杭州电子科技大学中国科教评价研究院和浙江高等教育研究院、武汉大学中国科学评价研究中心联合中国科教评价网（www.nseac.com）共同推出。该榜单是《中国大学及学科专业评价报告（2019~2020）》的部分榜单，上海纽约大学、昆山杜克大学、深圳北理工莫斯科大学、广东以色列理工学院、中国社会科学院大学等因招生等各种特殊情况，未纳入本次评价。纳入普通本科院校学科专业评价的对象为 12 个学科门类、92 个专业类、590 多个专业。

校综合竞争力前20强中，广东无一所学校上榜，前50强中，仅有香港中文大学（深圳）（排名23）、广东科技学院（排名40）和广东白云学院（排名44）3所学校上榜，与广东经济强省的地位严重不符。

比较来说，香港和澳门高校在办学模式上较为灵活，办学主体享有较大的自由度，资助来源较为多元化。珠三角九市整体上办学模式和经费来源都较为单一。

（二）三地高等教育发展的结构性矛盾

1. 粤港澳大湾区三地高等教育资源发展水平参差不齐、差距显著

截至目前，粤港澳大湾区内，香港地区的教育教学水平最高，教育资源最为丰富；澳门地区的高等教育建设蓄力待发，高等教育水平提升显著。珠三角九市中，深圳、广州的高等教育水平处于相对领先的地位，其他七市的高等教育水平发展有待提升，优质教育资源显著不足。

尽管粤港澳大湾区内拥有全国综合竞争力排名前三的高校香港大学、[香港科技大学及香港中文大学（见附录1）]，但三所高校均坐落香港。

澳门特区虽然具有一定的国际化先发优势，但从2019年泰晤士报高等教育世界大学排名（见附录1）看，澳门地区没有一所大学进入世界前100名，证明澳门特区仍然缺乏国际一流水平的创新性研究型大学。

珠三角九市中，珠海、东莞和佛山三市与国外及港澳高校的合作方面取得了一定的进展，而惠州、中山、江门、肇庆四市的优质教育资源则显著不足。

2. 高等教育国际化发展不均衡

从高校角度看，虽然对大学国际化的衡量水平还没有标准化的科学评价体系，但诸多机构和组织在选取核心评价指标时有一定的相似性。总体而言，都涉及高校和科研院所的课程教学、学术研究、组织与管理、支持服务、教师职员和合作等维度。具体到量化指标上，与大学竞争力排名的评价维度较为相近，从以上分析可见，粤、港、澳三地高校的国际化发展

第五章　粤港澳大湾区高等教育合作与发展研究

水平与各地高等教育的总体发展水平息息相关，表现为三地国际化教育发展水平不均衡。珠三角九市与港澳地区差距较大，惠州、中山等7市与广深又差距明显。

此外，从高校师资方面看，港澳特区的高校拥有国际化的办学理念，面向世界招聘优秀的科研人员、教职员工，高度重视学术交流，在国际化发展水平上领先于内地。而在珠三角九市，高等教育国际化趋势虽已得到认同，但师资和教学国际化水平仍与港澳地区（特别是香港地区）存在较大差距。

3. 对国际人才的吸引力不足

创新型人才的工作地选择牵扯诸多因素，但毋庸置疑，人才待遇、发展空间和当地是否为其子女提供良好的教育资源都是参考指标中的重要因素。

粤港澳大湾区中，从对国内人才的吸引力来看，深圳排名首位，广州居第二，香港和澳门是中国特区，四地对人才的吸引力自不必说（见表2）。

表2　2017年中国最具人才吸引力城市排行榜（内地）

排名	城市	总分
1	深圳	94.87
2	广州	93.79
3	杭州	93.21
4	上海	92.93
5	成都	92.4
6	苏州	92.03
7	重庆	91.89
8	武汉	91.65
9	郑州	91.02
10	长沙	90.68

资料来源：根据中商情报网相关资料整理所得。

从对外籍人才的吸引力来说，排行榜单的入选城市和排名却明显发生变化（见表3）。

表3 2017年外籍人才眼中最具吸引力的中国城市排行榜

排名	城市	排名	城市
1	上海	6	杭州
2	北京	7	苏州
3	合肥	8	成都
4	青岛	9	南京
5	深圳	10	广州

资料来源：根据国家外国专家局、中商产业研究院相关数据整理。

从表3可见，2017年外籍人才眼中最具吸引力的中国城市排行榜中，深圳和广州分列第5位和第10位，其他珠三角七市均未上榜，可见粤港澳大湾区整体对国际人才的吸引力还有待提高。

（三）体制机制的障碍制约合作深化

1. 体制障碍尚未融合完善

大湾区"一二三四"的复杂特点决定了粤港澳三地的高等教育建设面临较大体制障碍。珠三角九市中，深圳和珠海是经济特区，其受经济特区政府管辖；香港和澳门为中国的特别行政区，在"一国两制"的背景下，政府实行高度自治；还有省会广州作为副省级市受广州市政府管辖。大湾区格局复杂，涉及中央、特区与地方，且存在资本主义和社会主义两种制度的差异性。不管是制度间的碰撞还是政府间的交流，抑或是双边、多边之间高等教育规划的合作协调、探讨和磋商，都需要较为长期的磨合过程。在以往世界三大湾区的建设和发展中，尚未有类似的成功经验值得我们学习和借鉴。

反观世界其他一流湾区，城市间行政壁垒相对较低，不同地域间知识、资本、人才、技术等生产要素自由流动性较强。但粤港澳大湾区城市之间则面临着制度差异和格局交错复杂的难题,且三地高等教育合作的区域治理机制、合作协调机制和政策补偿机制尚不完善,致使粤、港、澳三地内部的高等教育合作与发展面临高度挑战。

2. 高等教育缺乏顶层设计

目前,大湾区城市间高校的发展仍是"各自为政"。广东省内尚未实现高等教育的一体化和统一的国际化发展。粤港澳高校之间,虽然有合作的历史与优势,但多以自发性合作为主,合作形式、深度、广度有限。此外,粤港澳高校联盟概念推出时间不长,管理方式与制度机制建设有待进一步完善,三地高等教育合作缺乏明确的战略规划和合作目标。目前,生源是港澳高校与内地高校合作的重要原因之一,港澳高校吸纳内地的生源,而并非通过科技和产业的合作,从区域高等教育联盟基础上支撑大湾区经济社会的发展。

四 推进粤港澳大湾区高等教育合作与发展的路径建议

(一) 建立跨区域的教育行政管理机制

粤港澳大湾区在经济、科研和创新领域的实力与国际三大湾区相比毫不逊色。但在"一国两制"下,制度的差异造成了三地教育合作不可逾越的制度壁垒。特别是近年来,随着香港生活成本上升和影响力的相对变弱,香港内部面临着"泛政治化"和"立法乱象"等问题。香港"选举制度"的引进也使得不同利益集团相互掣肘,阻碍三地的合作推进,如港深高铁历时7年才打破一地两检的烦冗制度、港珠澳大桥完工时限的延误,等等。

既然粤港澳大湾区已经上升至国家战略,粤港澳大湾区的高等教育合作就要求三地在制度上尝试突破创新,破解以往教育领域从未遇到过的制度难题,这对传统政府部门和行政部门提出了新的挑战和要求。

大湾区高等教育制度创新是新领域,面临新挑战,亟待新突破。由此,从顶层设计角度，中央和各地政府亟待建立高效灵活、切实可行的行政管理体系和职能构架，协助三地高等教育资源的有效利用。

（二）搭建"知识—专业—产业"链创新集群

通过对世界级三大湾区的比较研究，我们可以发现：一流湾区的发展路径无一例外的是以一流大学、各个研究机构为创新主体，联合高科技企业联动创新，优化跨区域合作，构建开放型科技创新湾区，实现学术界和产业界的交叉融合。粤港澳大湾区要成为世界一流湾区，也应该借鉴其他湾区发展的实践经验，构筑以"知识链—专业链—产业链"为基础的创新集群。

创新创业文化应该是大湾区发展的动力之源。知识链部分，大湾区可整合香港、澳门和广州、深圳四地最顶尖的教育院校和科研院所，形成大湾区核心竞争力的中心网络，作为创新驱动的第一和中心层级，培养学术型和创新型人才。珠三角七市（珠海、佛山、惠州、江门、东莞、肇庆、中山）地区的优秀大学和科研院校等机构作为创新层级的第二网络，以培养应用型、实践型人才为主，实现知识与技术的联姻。

除此以外，为了更好地鼓励研究成果商业化，应对大湾区加强知识产权的保护和奖励，并对大湾区内创新创业活动给予适当的优惠政策和产业复制措施。鼓励个人、团体和企业以风险投资基金等形式助力科研成果的投资转化，完善大湾区创新创业体系的构建和创新机制的驱动。

国际一流湾区的产业发展路径各有各的特点，但从其阶段性发展过程来看，对湾区经济发展特征可窥见一斑：湾区经济大多经历了从工业发展到传统制造业再向服务业转型的发展模式。也就是说，湾区经济最显著的发展特征及其最终的落脚点应该是高端服务业和文创产业。由学者对珠三角产业集群的发展研究得出，珠三角九市地区企业的技术含金量不高，缺乏具有核心竞争力的创新品牌，尤其是集群品牌。因此，在知识商品化的过程中，除继续发挥以往的制造业优势外，大湾区应重点扶植和培育有结构升级潜力、技术创新推动和新兴产业带动的高端服务业企业和人才,如科技服务业、金融保险业、通信传播业和医疗保健业等。对相关领域的学科和专业给予政策支持和学科增设等系列政策。这与国务院发布的粤港澳大湾区城市群发展规划中,关于大湾区围绕研发及科技成果转化、国际教育培训、金融服务、专业服务、商贸服务、休闲旅游及健康服务、航运物流服务、资讯科技等产业的发展规划不谋而合。

实现大湾区知识成果高效转化,促进产教融合、科技合作、校企合作和知识成果商业链条化是实现高等教育与经济社会发展良性互动的关键。当前三地都在围绕建设国际科技创新中心,通过发挥高水平大学、高水平科研机构、高科技企业的集群优势,构建国家与地方、企业与高校多层级、多方位、立体化的科技创新平台体系,力图在湾区建设中获得支撑。

(三) 制定与粤港澳大湾区高等教育适配的法规

从法律的角度看,粤港澳大湾区的高等教育合作,"一国两制三法域"制度的特殊性使得大湾区高等教育发展有别于其他湾区。粤港澳三地高等教育的法律合作基础既不是国内法,也不是国际法,而是包括世界贸易组织框架制度、港澳基本法、Closer Economic Partnership Arrangement[CEPA,包括《内地与澳门关于建立更紧密经贸关系的安排》《内地与香港关于建立更紧密经贸关系的安排》]及《粤港合作框架协议》和《粤澳合作框架协议》在内的复合型规则体系。这就涉及一系列复杂而烦琐的法律问题和不必要的重复性协调成本。无论是内地学生申请港澳高校还是港澳学生入读内地,都需要付出大量的时间成本和经济成本,往返两地完成规定时长的课程。这不仅提高了人才培养的成本,同时难以高效整合三地的教育资源。

对于教育资源的整合,只有从国家和政府层面协调三地教育资源合作与发展,才能借鉴世界三大湾区的教育合作经验,打破体制性壁垒,释放三地教育合作的活力。

在国家层面，有必要尽快成立由中央牵头，三地政府教育主管部门、教育机构和民间教育组织参与，教育专家献计献策的粤港澳大湾区高等教育合作与发展协调小组。众多专业人士建立统一性、多渠道、宽层次和制度化的大湾区高等教育合作与发展协调机制，从专业角度协商破解湾区高等教育发展的关键性壁垒问题，推进湾区高等教育合作与发展。在省区市层面，有必要构筑地方政府间的对话渠道与绿色通道，对大湾区三地间院校、学科、专业、科研机构和教育投资及教育基础设施建设问题进行深化协商和有效整合，推动湾区高等教育发展，进一步推进战略实施的平稳落地和各项举措的落实。在院校与科研机构层面，依托粤港澳三地高等教育合作机制和优惠政策，高校与机构有必要全面加强湾区在专业人才培养、学科建设和师资共享等领域的合作；注册学生可在本专业领域内共享专业学科资源，在课堂旁听、图书借阅等方面享有优惠和绿色通道。

（四）建立粤港澳大湾区高校"学分互认"机制

一般高校之间"学分互认"是指随着高等教育的发展，各高校之间为了实现教育资源的优势互补，实行的一种学生修读学分互相认可的机制。高校允许本校学生学习其他本校承认或联盟院校的相关课程，课程所得学分可直接转化为本校学分，同时本校学分受对方院校的同等承认。在我国，学分互认机制尚处在初始阶段，且高校之间学分制管理差异较大。从学分设置看，课程学时数与学分的对应关系尚没有形成统一标准，如有些院校规定16学时为1学分，有些院校则需17学时或15学时。且院校间学期内修读的总学时数、选修机制和学分评估模式也不尽相同。这就需要粤港澳大湾区在高校之间尽快构建"学分互认"机制的高校联盟，在学科课程、申请方式和评估模式上形成统一模式。同时，在专业课程的说明上，保证院校的自主性；在学分转换的方向上，给予学生最大的自主性。具体建议如下。

首先，对大湾区内的高校，实施粤港澳大湾区院校联盟政策，拟定课程和学分、学位互认方案。保证选读学生在大湾区内联盟院校或联盟专业的课程中有区域间、学校间、专业间的学分互认。其次，建立大湾区院校学生的"学分银行"或"学分池"，在院校联盟认定和允许的范围内，使得学生能够自主、自由地选择学习地点、学习时间、学习进度和学习内容，且修读的学分能够进行累计并永久有效，获得认可。以此，为大湾区学生提供更便捷的创新创业机会，发挥工读交替的优势。最后，对大湾区联盟高校已经获得相应学分的注册学生，划定学分折算标准；对即将实施学分互认的院校，由各个学科专家学者、学科负责人、带头人和一线经验教师共同组织制定"学分互认"机制的评定标准、监督管理原则等细化条例。

虽然"学分互认"是一项庞大艰巨的任务，需要建立国家专门机构或要求对口部门对学分评定指标的各个环节进行构建。但粤港澳大湾区是中国经济发展的示范区，也可以在高等教育的建设推进上成立试行点和示范区。教育是百年大计，任何成功或失败的经验都值得借鉴。

（五）以信息化手段推进粤港澳大湾区的协同发展

随着第五代移动通信网络的到来，信息和数据的传播以大容量、低成本和高速率的方式流动和共享。信息化手段的科学应用将有效助力大湾区三地高等教育资源的共享。在传统教育理论和教育内容的背景下，结合信息化手段，运用现代信息技术，更好地开发粤港澳三地的优质教育资源，优化教育过程，同时，培养适应国际竞争、具有信息素养的国际化人才。信息化手段推进教育教学形式的多样化发展，如港澳地区的高等教育课程与国际接轨，教学质量高。可以院校联盟的形式建立大湾区高等教育资源共享平台，内设各个一流院校的精品课程，以英语、葡语、粤语、普通话或多语种的形式对一流学科和课程进行录播讲解，搭建三地的学科共建和教育资源共享平台。众所周知，港澳高校的申请颇为不易，且入读和生活费用支出高于内地。在这样的情况下，如完善平台构筑，可考虑在平台上试行大湾区异地学位课程的远程申请和报读，不仅节省了往返三地的时间成本，也为有深造意愿但经济实力不足的学生提供了便捷通道。如此一来，平台可以成为内地与港澳高校师生教育资源共享共建的平台。

除远程终端信息化资源共享，粤港澳教育合作也可充分利用手机移动终端等通信设备，实现教育资源随时随地、随心随意的利用与学习。如，开发以介绍大湾区教育体系和各高校特色为主题的粤港澳高等教育资源小助手App，以手机或电脑链接视频课程形式的教育平台App和以电子书（电纸书）资源为主的大湾区高等教育高校图书荐读App等；除此以外，在广州高校推行的很多现代信息教学平台和手机软件，如蓝墨云、微助教和雨课堂等，可适当进行大面积的推广和软件的优化，如增加同步直播功能、实现不同平台的教育资源共享等。

当然，信息化手段的应用离不开国家财政、高校和社会各界的支持，但教育的本质是保护和传播，教育的投入更是千秋功业，任何对教育发展的探索都是必要和有价值的。

（六）发挥港深高校在教育中的枢纽作用

作为国内一线城市，深圳市教育资源丰富、师资力量雄厚、国际视野开阔、生活环境舒适。深圳市不仅吸引了国内众多知名高校都在深建设分校，如哈尔滨工业大学深圳校区和北京大学汇丰商学院等，更是受到了国外一流高校的垂青，如天津大学佐治亚理工深圳学院、深圳北理工莫斯科大学等，此外尚有诸多优秀的本地院校，如南方科技大学、深圳大学等。深圳作为大湾区硅谷的角色拥有众多数量和超级体量的创业企业，如华为、腾讯等知名公司。而香港地区拥有世界级名校的创新资源，却缺少创新科技企业，在生活成本和优惠政策上的优势也不及深圳。港深毗邻，如两地能够加强高等教育领域的合作与发展，以互补互信的角色成为大湾区教育发展的引领者，并连接周边东莞、惠州和中山等大湾区制造业基地，聚焦信息能源、生命科学和粒子物理等诸多重点领域，构建与国际接轨的教育教学标准和

第五章 粤港澳大湾区高等教育合作与发展研究

评价机制,则可以发挥港深以点带面的辐射作用,打造以港深为中心的环湾区高校创新圈。

构建港深高校在教育中的枢纽作用,还应形成一套完整而高效的科研成果转化路径,确保大湾区的人才有确实可行的输出路径,保证人才引进和招收的良性循环。另外,在加强港深两地高等教育资源协调发展的同时,还应注重打破地域观念和文化观念的障碍,建立统一开放的教育体系,实现跨区域协调整合。

同时,应注重媒体和社会的力量,充分发挥互联网等媒介的宣传作用,形成共建共融和谐繁荣的大湾区教育发展氛围,避免出现文化隔阂和冲突事件,让三地的人才充分发挥合力。

(七) 对接粤港澳大湾区与"一带一路"高教资源

应打造国际性的高等教育资源合作圈,利用"一带一路"发展契机,对接大湾区与"一带一路"沿线国家的高等教育资源。

大湾区可依托自身教育资源和科技平台,加强国内外高等教育资源的对接和教育项目、科研项目与科技创新项目的合作。简化国外人才引进湾区、"一带一路"沿线留学生申请湾区入读的行政手续和流程,建立大湾区高等教育试验区。并通过"粤港澳大湾区教育合作与科技创新节""大湾区国际高等教育院校交流会""'一带一路'与'粤港澳大湾区'高等教育人才促进会"和"'一带一路'与'粤港澳大湾区'科技成果转化交流会"等平台打造教育合作圈。

(八) 推进高等教育质量保障走向国际体系

2011 年,教育部印发《关于普通高等学校本科教学评估的意见》,提出建立"五位一体"的本科教学评估制度体系,并作为未来一个时期我国各类高等院校评估工作的制度体系。结合《国家中长期教育改革和发展规划纲要(2010~2020 年)》的实施准则,粤港澳大湾区应借鉴"五位一体"

的制度体系和以往高校合作的成功经验,进一步完善高等教育院校和机构的质量评估和保障工作。

首先,在政府层面,简政放权。根除"以政府为主导"的管理体制,给予高校和科研机构更多的自主管辖权。其次,建立教学指导委员会,吸纳更多高校教师和产业行业人员参加评估协会,避免与产业行业脱节和疏离。再次,引进国际成熟的第三方中介机构或评估机构(如国际高等教育质量保障机构联盟、经济贸易合作组织教育司和欧盟高等教育质量保障机构联盟等),培育大湾区本土具有权威影响力的信息发布机构。探索根据政府、高校、学生和第三方中介机构多级评价结果进行经费划拨的方案,真正建立起高校和科研院所"奖优退劣"的激励机制。最后,借鉴国外湾区经验,与国际接轨,在高校的专业认证与评估、教师专业发展与培训和高等院校学术评审机制上学习和引进世界三大湾区的先进经验。

五 粤港澳大湾区高等教育发展及合作的思考

科技是第一生产力,教育是科技发展的首要动力,高等教育是推动科技进步的核心源泉。从初始提出粤港澳大湾区的蓝图构想,到大湾区建设正式提上日程,到现今大湾区在协议框架内初步做出规划和部署,不过短短7年。这7年里,在还缺乏关于大湾区高等教育完整、正式的法律法规和协议规划下,大湾区高等教育建设已初见成果,令人欣慰。

大湾区建设是千秋功业,教育是百年大计,高等教育建设道阻且艰,关系到民族的振兴和社会的进步。大湾区的建设推进已经上升到国家战略的层面,粤港澳高等教育的目标和使命也应该定位于引领中国高等教育的新高度,成为连接中国和世界的创新区,引领教育改革和科技创新。

坚持不懈地推动大湾区高等教育的合作与发展,这项工作任重道远,在知识经济和创新经济的时代背景下,任何对大湾区高等教育发展的实践和探索都意义重大,都值得我们的付出与投入。

附录1　2019年泰晤士报高等教育世界大学排名

排名	学校名称	国家	在校学生数量（人）	学生与教师比例	国际学生占比（%）	女生与男生比例
1	牛津大学（University of Oxford）	英国	20298	11	40	46∶54
2	剑桥大学（University of Cambridge）	英国	18749	10.9	37	46∶54
3	斯坦福大学（Stanford University）	美国	15878	7.4	23	43∶57
4	麻省理工学院（Massachusetts Institute of Technology）	美国	11231	8.7	34	38∶62
5	加利福尼亚理工学院（California Institute of Technology）	美国	2255	6.5	29	33∶67
6	哈佛大学（Harvard University）	美国	20595	9.1	26	48∶52
7	普林斯顿大学（Princeton University）	美国	7996	8.2	24	45∶55
8	耶鲁大学（Yale University）	美国	12318	5.2	20	50∶50
9	帝国理工学院（Imperial College London）	英国	16425	11.7	56	38∶62
10	芝加哥大学（The University of Chicago）	美国	13562	6.1	25	44∶56
11	苏黎世联邦理工学院（ETH Zurich）	瑞士	18171	12.3	39	31∶69
12	约翰霍普金斯大学（Johns Hopkins University）	美国	16146	4.6	25	52∶48
12	宾夕法尼亚大学（University of Pennsylvania）	美国	20443	6.4	20	52∶48
14	伦敦大学学院（University College London）	英国	31696	10.6	51	57∶43
15	加州大学伯克利分校（University of California，Berkeley）	美国	36468	13.2	17	51∶49
16	哥伦比亚大学（Columbia University）	美国	26586	6	37	n/a
17	加州大学洛杉矶分校（University of California，Los Angeles）	美国	39464	9.2	17	53∶47
18	杜克大学（Duke University）	美国	15037	4.4	18	48∶52
19	康奈尔大学（Cornell University）	美国	21904	9.8	25	49∶51
20	密歇根大学安娜堡分校（University of Michigan，Ann Arbor）	美国	41831	8.3	17	48∶52

续表

排名	学校名称	国家	在校学生数量(人)	学生与教师比例	国际学生占比(%)	女生与男生比例
21	多伦多大学(University of Toronto)	加拿大	72202	19	19	n/a
22	清华大学(Tsinghua University)	中国	36912	11.9	11	34∶66
23	新加坡国立大学(National University of Singapore)	新加坡	30727	17.4	28	50∶50
24	卡内基梅隆大学(Carnegie Mellon University)	美国	13033	13.3	47	40∶60
25	西北大学(Northwestern University)	美国	17600	13	19	48∶52
26	伦敦政治经济学院(The London School of Economics and Political Science)	英国	10028	11.8	70	52∶48
27	纽约大学(New York University)	美国	44433	8.9	32	56∶44
28	西雅图华盛顿大学(University of Washington,Seattle Campus)	美国	45476	11.3	16	53∶47
29	爱丁堡大学(The University of Edinburgh)	英国	28153	12.7	41	60∶40
30	加利福尼亚大学圣地亚哥分校(University of California,San Diego)	美国	31687	12.9	20	46∶54
31	北京大学(Peking University)	中国	42547	8.9	17	48∶52
32	慕尼黑大学(LMU Munich)	德国	35389	36	16	61∶39
32	墨尔本大学(The University of Melbourne)	澳大利亚	45030	26.6	42	56∶44
34	佐治亚理工学院(Georgia Institute of Technology)	美国	21903	21.5	27	32∶68
35	洛桑联邦理工大学(École Polytechnique Fédérale de Lausanne)	瑞士	10343	11.4	57	28∶72
36	香港大学(The University of Hong Kong)	中国香港	18122	18.1	43	54∶46
37	英属哥伦比亚大学(University of British Columbia)	加拿大	53566	18.6	30	54∶46
38	伦敦国王学院(King's College London)	英国	24293	12.1	42	62∶38
39	得克萨斯大学奥斯汀分校(The University of Texas at Austin)	美国	48561	17.1	10	51∶49

第五章 粤港澳大湾区高等教育合作与发展研究

续表

排名	学校名称	国家	在校学生数量(人)	学生与教师比例	国际学生占比(%)	女生与男生比例
40	卡罗林斯卡学院(Karolinska Institute)	瑞典	7898	9.2	19	68∶32
41	香港科技大学(The Hong Kong University of Science and Technology)	中国香港	10394	23.6	31	n/a
41	巴黎文理研究大学(Paris Sciences et Lettres)	法国	20722	11.3	26	44∶56
42	东京大学(The University of Tokyo)	日本	25828	7.6	11	n/a
43	威斯康星大学-麦迪逊分校(University of Wisconsin-Madison)	美国	39193	10.5	12	n/a
44	麦吉尔大学(McGill University)	加拿大	31060	13	28	58∶42
44	慕尼黑工业大学(Technical University of Munich)	德国	39726	50.6	24	34∶66
47	海德堡大学(Heidelberg University)	德国	20953	16.6	17	54∶46
48	鲁汶大学(KU Leuven)	比利时	44719	36.5	15	49∶51
49	澳大利亚国立大学(The Australian National University)	澳大利亚	16840	18.5	39	52∶48
50	伊利诺伊大学香槟分校(University of Illinois at Urbana-Champaign)	美国	43908	17.9	24	47∶53
51	南洋理工大学(Nanyang Technological University, Singapore)	新加坡	25738	16.7	28	48∶52
52	加利福尼亚大学圣塔芭芭拉分校(University of California, Santa Barbara)	美国	23457	27.9	16	52∶48
53	布朗大学(Brown University)	美国	9082	10.7	21	n/a
54	圣路易斯华盛顿大学(Washington University in St Louis)	美国	13074	7.3	20	n/a
55	香港中文大学(The Chinese University of Hong Kong)	中国香港	17883	18.4	33	n/a
56	北卡罗来纳州大学教堂山分校(University of North Carolina at Chapel Hill)	美国	34226	9.4	8	57∶43
57	曼彻斯特大学(The University of Manchester)	英国	36530	14.5	39	53∶47
58	代尔夫特理工大学(Delft University of Technology)	荷兰	17880	20	29	28∶72

续表

排名	学校名称	国家	在校学生数量(人)	学生与教师比例	国际学生占比(%)	女生与男生比例
59	加州大学戴维斯分校(University of California, Davis)	美国	37847	13.5	13	57∶43
59	悉尼大学(The University of Sydney)	澳大利亚	43333	20.5	35	58∶42
59	瓦格宁根大学(Wageningen University & Research)	荷兰	13214	20.9	29	55∶45
62	阿姆斯特丹大学(University of Amsterdam)	荷兰	23778	12.3	12	56∶44
63	首尔大学(Seoul National University)	韩国	26066	12.3	12	n/a
64	普渡大学(Purdue University)	美国	39409	17	23	42∶58
65	京都大学(Kyoto University)	日本	22420	8.8	8	24∶76
66	南加州大学(University of Southern California)	美国	35510	11.6	25	53∶47
67	柏林自由大学(Humboldt University of Berlin)	德国	33000	59	17	n/a
68	莱顿大学(Leiden University)	荷兰	26321	18	13	57∶43
69	昆士兰大学(The University of Queensland)	澳大利亚	38187	34.4	31	55∶45
70	鹿特丹大学(Erasmus University Rotterdam)	荷兰	22019	19.6	22	50∶50
71	明尼苏达大学双城校区(University of Minnesota, Twin Cities)	美国	60620	12.3	11	52∶48
71	俄亥俄州立大学(Ohio State University)	美国	53540	12.8	12	49∶51
73	索邦大学(Sorbonne University)	法国	42681	14.3	19	59∶41
74	波士顿大学(Boston University)	美国	25095	8.4	27	60∶40
74	乌得勒支大学(Utrecht University)	荷兰	31551	14.3	7	59∶41
76	弗赖堡大学(University of Freiburg)	德国	22005	44.5	22	55∶45
77	麦克马斯特大学(McMaster University)	加拿大	24602	27.3	16	53∶47
78	布里斯托大学(University of Bristol)	英国	20570	13.2	27	53∶47
79	格罗宁根大学(University of Groningen)	荷兰	26183	23.8	18	52∶48

第五章 粤港澳大湾区高等教育合作与发展研究

续表

排名	学校名称	国家	在校学生数量(人)	学生与教师比例	国际学生占比(%)	女生与男生比例
79	华威大学(The University of Warwick)	英国	19649	13.3	41	50∶50
81	宾州州立大学(Pennsylvania State University)	美国	45704	15	15	46∶54
82	马里兰大学(University of Maryland-College Park)	美国	32099	16.2	10	47∶53
82	成均馆大学(Sungkyunkwan University (SKKU))	韩国	23359	19.5	14	42∶58
84	埃默里大学(Emory University)	美国	12647	4.2	20	58∶42
84	蒙纳什大学(Monash University)	澳大利亚	49728	34.6	35	57∶43
86	莱斯大学(Rice University)	美国	6554	8.9	28	42∶58
87	亚琛工业大学(RWTH Aachen University)	德国	44517	61.8	19	32∶68
87	乌普萨拉大学(Uppsala University)	瑞典	25061	16.9	14	56∶44
89	图宾根大学(University of Tübingen)	德国	28743	39.2	14	58∶42
90	柏林查理特大学(Charité-Universitätsmedizin Berlin)	德国	6943	17.5	19	64∶36
90	蒙特利尔大学(University of Montreal)	Canada	37311	20.3	23	59∶41
90	苏黎世大学(University of Zurich)	瑞士	26340	14.7	20	57∶43
93	格拉斯哥大学(University of Glasgow)	英国	24235	15.3	36	58∶42
93	密歇根州立大学(Michigan State University)	美国	44951	17	17	51∶49
93	中国科学技术大学(University of Science and Technology of China)	中国	16152	8.4	4	n/a
96	加利福尼亚大学欧文分校(University of California, Irvine)	美国	31089	16.7	24	53∶47
96	新南威尔士大学(The University of New South Wales)	澳大利亚	41358	30.5	36	47∶53
98	隆德大学(Lund University)	瑞典	28454	11.8	17	54∶46
99	达特茅斯学院(Dartmouth College)	美国	6172	6.7	15	48∶52
100	赫尔辛基大学(University of Helsinki)	芬兰	22418	16.6	6	65∶35

附录2　2019~2020年民办院校综合竞争力排行榜

排序	学校名称	总得分	省市	类型	等级
1	江西科技学院	100	江西	理工	5★
2	黄河科技学院	93	河南	理工	5★
3	西交利物浦大学	91.36	江苏	综合	5★
4	浙江树人学院	91.1	浙江	综合	5★
5	北京城市学院	90.97	北京	综合	5★
6	湖南涉外经济学院	90.39	湖南	财经	5★
7	西京学院	84.19	陕西	综合	5★
8	宁波诺丁汉大学	84.01	浙江	综合	5★-
9	南昌理工学院	83.51	江西	理工	5★-
10	三亚学院	83.5	海南	综合	5★-
11	吉林外国语大学	83.44	吉林	文法	5★-
12	宁波财经学院	82.59	浙江	理工	5★-
13	吉林动画学院	82.45	吉林	艺术	5★-
14	潍坊科技学院	82.29	山东	理工	5★-
15	烟台南山学院	81.47	山东	综合	5★-
16	西安欧亚学院	81.45	陕西	财经	4★
17	河北传媒学院	81.32	河北	文法	4★
18	黑龙江东方学院	81.17	黑龙江	综合	4★
19	青岛滨海学院	81.08	山东	综合	4★
20	长沙医学院	80.87	湖南	医药	4★
21	西安外事学院	80.65	陕西	财经	4★
22	西安翻译学院	80.07	陕西	文法	4★
23	香港中文大学(深圳)	80.02	广东	综合	4★
24	三江学院	79.96	江苏	综合	4★
25	无锡太湖学院	79.91	江苏	综合	4★
26	浙江越秀外国语学院	79.88	浙江	文法	4★
27	安徽新华学院	79.82	安徽	理工	4★
28	山西工商学院	79.76	山西	财经	4★
29	武汉东湖学院	79.65	湖北	理工	4★
30	成都文理学院	79.58	四川	综合	4★

第五章　粤港澳大湾区高等教育合作与发展研究

续表

排序	学校名称	总得分	省市	类型	等级
31	郑州升达经贸管理学院	79.46	河南	财经	4★
32	西安培华学院	79.11	陕西	文法	3★
33	海口经济学院	78.76	海南	财经	3★
34	郑州科技学院	78.32	河南	理工	3★
35	燕京理工学院	77.91	河北	综合	3★
36	闽南理工学院	77.36	福建	理工	3★
37	福州外语外贸学院	77.14	福建	财经	3★
38	大连艺术学院	76.49	辽宁	艺术	3★
39	郑州工业应用技术学院	76.06	河南	理工	3★
40	广东科技学院	75.83	广东	理工	3★
41	长春建筑学院	75.62	吉林	理工	3★
42	四川传媒学院	75.61	四川	艺术	3★
43	武汉生物工程学院	75.33	湖北	理工	3★
44	广东白云学院	74.8	广东	理工	3★
45	河北美术学院	74.17	河北	艺术	3★
46	山东英才学院	73.86	山东	综合	3★
47	山东现代学院	73.44	山东	综合	3★
48	商丘学院	73.1	河南	综合	3★
49	重庆人文科技学院	72.91	重庆	综合	3★
50	成都东软学院	72.68	四川	理工	3★
51	武昌理工学院	71.89	湖北	理工	3★
52	武汉传媒学院	71.52	湖北	艺术	3★
53	仰恩大学	70.73	福建	综合	3★
54	上海建桥学院	70.45	上海	综合	3★
55	武汉工程科技学院	70.29	湖北	理工	3★
56	辽宁财贸学院	69.54	辽宁	财经	3★
57	大连东软信息学院	69.08	辽宁	理工	3★
58	广州商学院	69.01	广东	综合	3★
59	山东协和学院	68.76	山东	医药	3★
60	南昌工学院	68.14	江西	理工	3★
61	郑州工商学院	67.4	河南	理工	3★
62	北京师范大学-香港浸会大学联合国际学院	67.24	广东	综合	3★
63	安阳学院	66.69	河南	综合	3★
64	陕西国际商贸学院	66.63	陕西	财经	3★
65	武汉工商学院	66.61	湖北	综合	3★

续表

排序	学校名称	总得分	省市	类型	等级
66	广东培正学院	66.38	广东	财经	3★
67	广州工商学院	65.68	广东	综合	3★
68	哈尔滨华德学院	65.63	黑龙江	理工	3★
69	辽宁对外经贸学院	65.46	辽宁	财经	3★
70	四川文化艺术学院	65.14	四川	艺术	3★
71	武昌工学院	64.2	湖北	理工	3★
72	武昌首义学院	63.26	湖北	综合	3★
73	信阳学院	62.27	河南	综合	3★
74	汉口学院	61.99	湖北	理工	3★
75	上海杉达学院	61.07	上海	财经	3★
76	四川电影电视学院	60.77	四川	艺术	3★
77	齐鲁理工学院	60.64	山东	综合	3★
78	齐鲁医药学院	60.55	山东	医药	2★
79	沈阳工学院	60.46	辽宁	理工	2★
80	郑州成功财经学院	59.62	河南	财经	2★
81	西安思源学院	58.7	陕西	理工	2★
82	福州理工学院	57.79	福建	综合	2★
83	厦门工学院	57.75	福建	理工	2★
84	黑龙江外国语学院	57.58	黑龙江	师范	2★
85	上海视觉艺术学院	57.44	上海	艺术	2★
86	青岛黄海学院	56.77	山东	综合	2★
87	南宁学院	56.65	广西	理工	2★
88	安徽三联学院	56.33	安徽	理工	2★
89	四川工商学院	55.9	四川	综合	2★
90	河北科技学院	55.48	河北	理工	2★
91	文华学院	55.46	湖北	理工	2★
92	广西外国语学院	55.46	广西	文法	2★
93	陕西服装工程学院	55.13	陕西	理工	2★
94	温州商学院	54.61	浙江	财经	2★
95	大连科技学院	54.2	辽宁	理工	2★
96	郑州财经学院	54.14	河南	财经	2★
97	江西服装学院	53.83	江西	理工	2★
98	云南经济管理学院	53.73	云南	财经	2★
99	北京吉利学院	53.51	北京	综合	2★
100	湖北商贸学院	52.99	湖北	综合	2★

附录3 2019~2020年中国独立学院排名

排名	学校名称	等级	省市
1	浙江大学城市学院	5★	浙江
2	吉林大学珠海学院	5★	广东
3	浙江大学宁波理工学院	5★	浙江
4	北京师范大学珠海分校	5★	广东
5	北京理工大学珠海学院	5★	广东
6	电子科技大学中山学院	5★	广东
7	四川大学锦城学院	5★	四川
8	厦门大学嘉庚学院	5★	福建
9	集美大学诚毅学院	5★	福建
10	燕山大学里仁学院	5★	河北
11	成都理工大学工程技术学院	5★	四川
12	四川大学锦江学院	5★	四川
13	中山大学南方学院	5★	广东
14	武汉科技大学城市学院	5★-	湖北
15	华南理工大学广州学院	5★-	广东
16	山西农业大学信息学院	5★-	山西
17	新乡医学院三全学院	5★-	河南
18	山西大学商务学院	5★-	山西
19	西南财经大学天府学院	5★-	四川
20	河南大学民生学院	5★-	河南
21	中国传媒大学南广学院	5★-	江苏
22	云南师范大学商学院	5★-	云南
23	河海大学文天学院	5★-	安徽
24	云南师范大学文理学院	5★-	云南
25	浙江工业大学之江学院	5★-	浙江
26	东南大学成贤学院	5★-	江苏
27	北京交通大学海滨学院	4★	河北
28	中山大学新华学院	4★	广东
29	云南大学旅游文化学院	4★	云南
30	东莞理工学院城市学院	4★	广东
31	河北师范大学汇华学院	4★	河北

续表

排名	学校名称	等级	省市
32	中国石油大学胜利学院	4★	山东
33	天津大学仁爱学院	4★	天津
34	河北科技大学理工学院	4★	河北
35	四川外国语大学重庆南方翻译学院	4★	重庆
36	河北大学工商学院	4★	河北
37	福州大学至诚学院	4★	福建
38	西安建筑科技大学华清学院	4★	陕西
39	南京大学金陵学院	4★	江苏
40	青岛理工大学琴岛学院	4★	山东
41	福建师范大学协和学院	4★	福建
42	中原工学院信息商务学院	4★	河南
43	东北师范大学人文学院	4★	吉林
44	北京中医药大学东方学院	4★	河北
45	武汉工程大学邮电与信息工程学院	4★	湖北
46	长春理工大学光电信息学院	4★	吉林
47	广东工业大学华立学院	4★	广东
48	杭州电子科技大学信息工程学院	4★	浙江
49	中国地质大学长城学院	4★	河北
50	南开大学滨海学院	4★	天津
51	华东交通大学理工学院	4★	江西
52	电子科技大学成都学院	4★	四川
53	南昌大学科学技术学院	3★	江西
54	中南林业科技大学涉外学院	3★	湖南
55	南京理工大学泰州科技学院	3★	江苏
56	湖北工业大学工程技术学院	3★	湖北
57	杭州师范大学钱江学院	3★	浙江
58	重庆邮电大学移通学院	3★	重庆
59	河北经贸大学经济管理学院	3★	河北
60	河南科技学院新科学院	3★	河南
61	云南大学滇池学院	3★	云南
62	浙江师范大学行知学院	3★	浙江
63	同济大学浙江学院	3★	浙江
64	吉林建筑大学城建学院	3★	吉林
65	浙江农林大学暨阳学院	3★	浙江
66	长春大学旅游学院	3★	吉林

续表

排名	学校名称	等级	省市
67	长春工业大学人文信息学院	3★	吉林
68	长江大学工程技术学院	3★	湖北
69	宁波大学科学技术学院	3★	浙江
70	绍兴文理学院元培学院	3★	浙江
71	桂林理工大学博文管理学院	3★	广西
72	重庆师范大学涉外商贸学院	3★	重庆
73	湖南农业大学东方科技学院	3★	湖南
74	太原理工大学现代科技学院	3★	山西
75	中国矿业大学徐海学院	3★	江苏
76	广东海洋大学寸金学院	3★	广东
77	江西理工大学应用科学学院	3★	江西
78	广西科技大学鹿山学院	3★	广西
79	西安交通大学城市学院	3★	陕西
80	西北大学现代学院	3★	陕西
81	山西师范大学现代文理学院	3★	山西
82	长沙理工大学城南学院	3★	湖南
83	南京师范大学泰州学院	3★	江苏
84	扬州大学广陵学院	3★	江苏
85	广东技术师范学院天河学院	3★	广东
86	大连理工大学城市学院	3★	辽宁
87	南京航空航天大学金城学院	3★	江苏
88	广西大学行健文理学院	3★	广西
89	河北工业大学城市学院	3★	天津
90	浙江海洋大学东海科学技术学院	3★	浙江
91	宁夏大学新华学院	3★	宁夏
92	中国矿业大学银川学院	3★	宁夏
93	南京财经大学红山学院	3★	江苏
94	石家庄铁道大学四方学院	3★	河北
95	广东财经大学华商学院	3★	广东
96	三峡大学科技学院	3★	湖北
97	烟台大学文经学院	3★	山东
98	西北工业大学明德学院	3★	陕西
99	华南农业大学珠江学院	3★	广东
100	福建师范大学闽南科技学院	3★	福建

·第六章·
粤港澳大湾区金融业合作与发展研究

徐春华[*]

一 粤港澳大湾区金融业发展现状

(一) 广东金融业整体发展现状

进入21世纪以来,从整体上看,广东金融机构存贷款额增长迅猛(见表1)。从存款看,2000~2017年,广东省的金融机构本外币存款余额呈现快速上升的趋势,从19083.64亿元增长到194535.75亿元,增长919.4%;其中住户存款从10031.68亿元增长到62942.27亿元,增长527.4%;金融机构人民币存款余额从16919.98亿元增长到184779.6亿元,增长992.1%,其中人民币住户存款从8667.29亿元增长到61890.08亿元,增长614.1%。从贷款方面看,2000~2017年,广东省金融机构本外币贷款余额从13227.62亿元增长到126031.95亿元,增长852.8%;金融机构人民币贷款余额从11787.14亿元增长到118978.62亿元,增长909.4%。

---

[*] 作者简介:徐春华,副教授,广东外语外贸大学国际服务经济研究院(国际服务外包研究院)研究员,主要研究方向为产业结构升级与区域经济协调发展。

第六章 粤港澳大湾区金融业合作与发展研究

表1 2000~2017年广东金融机构存贷款

单位：亿元

年份	金融机构本外币存款余额	住户存款	金融机构本外币贷款余额	金融机构人民币存款余额	人民币住户存款	金融机构人民币贷款余额
2000	19083.64	10031.68	13227.62	16919.98	8667.29	11787.14
2001	21714.85	11386.03	14472.08	19449.34	9930.12	13192.74
2002	25409.90	13372.85	16840.39	22975.88	11819.09	15314.56
2003	29640.83	15590.68	20126.24	27240.23	14061.77	18287.58
2004	33252.01	17631.07	21955.28	30869.62	16193.41	19671.52
2005	38119.91	20267.76	23261.21	35958.71	19051.35	20965.55
2006	43262.20	22677.19	25935.19	41146.58	21584.60	23617.49
2007	48955.03	23013.34	30617.27	47016.48	22242.70	27497.88
2008	56119.28	28181.18	33755.62	54309.57	27481.56	30964.62
2009	69691.46	32136.32	44510.22	67742.59	31411.40	39683.65
2010	82019.40	36965.75	51799.30	79957.97	36318.66	47191.56
2011	91590.15	41061.56	58615.27	89168.60	40405.07	53411.83
2012	105099.55	46265.58	67077.08	99934.60	45533.78	59967.26
2013	119685.15	50638.64	75664.16	114855.02	49891.35	68491.93
2014	127881.47	53215.87	84921.79	121964.85	52410.55	77889.50
2015	160388.22	55008.70	95661.12	153551.79	54238.30	89289.27
2016	179829.19	59768.75	110928.41	171024.47	58618.89	103649.79
2017	194535.75	62942.27	126031.95	184779.60	61890.08	118978.62

注：2015年前，住户存款主要为居民储蓄存款。
资料来源：《广东统计年鉴2018》。

在金融机构本外币存贷款余额方面（见表2），2017年，广东各项存款额达194535.75亿元，同比增长8.2%；各项贷款额达126031.95亿元，同比增长13.6%。2017年，存款细分项目方面，非金融企业存款、政府存款都保持两位数增长，同比分别增长12.3%、14.6%，其中，机关团体存款为27803.9亿元，同比增长21.5%，境外存款为6813.8亿元，同比增长高达38.2%；而财政性存款和非银行业金融机构存款则有较大跌幅，分别为-14.4%和-9.8%。

2017年，贷款细分项目方面，境内贷款、住户贷款都实现了两位数增长,同比分别增长 13.9% 和 21.3%,其中,短期贷款和中长期贷款同比增长高达 26.3% 与 20.2%。此外,非银行业金融机构贷款同比增长 63%。

表 2 2015~2017 年金融机构本外币存贷款余额

单位:亿元

指标	2015 年	2016 年	2017 年	2017 年比 2016 年增长(%)
各项存款	160388.22	179829.19	194535.75	8.2
境内存款	154559.04	174900.22	187721.95	7.3
住户存款	55008.70	59768.75	62942.27	5.3
#活期存款	27350.11	31395.88	33950.96	8.1
定期及其他存款	27658.59	28372.87	28991.31	2.2
非金融企业存款	49345.26	63509.89	71315.62	12.3
#活期存款	17169.43	22875.34	25251.72	10.4
定期及其他存款	32175.83	40634.55	46063.90	13.4
政府存款	26090.27	28293.70	32430.62	14.6
#财政性存款	5635.35	5404.62	4626.73	-14.4
机关团体存款	20454.91	22889.08	27803.90	21.5
非银行业金融机构存款	24114.81	23327.88	21033.43	-9.8
境外存款	5829.18	4928.98	6813.80	38.2
各项贷款	95661.12	110928.41	126031.95	13.6
境内贷款	93116.97	107818.07	122769.23	13.9
住户贷款	33099.57	43801.57	53139.31	21.3
#短期贷款	7465.07	8165.21	10312.82	26.3
中长期贷款	25634.50	35636.36	42826.49	20.2
非金融企业及机关团体贷款	59872.35	63949.10	69520.06	8.7
#短期贷款	22474.01	24180.42	25521.01	5.5
中长期贷款	32407.28	33521.74	39150.23	16.8
非银行业金融机构贷款	145.04	67.40	109.87	63.0
境外贷款	2544.16	3110.33	3262.71	4.9

注:2015 年起银行资金来源项目使用新的分类。
资料来源:《广东统计年鉴 2018》。

(二)广东九市金融业发展现状

1. 广东九市中资金融机构基本情况

表 3 给出了广东省各市中资金融机构基本情况。从表 3 不难看出,不同经济区域中的中资金融机构情况存在较大差异。2016~2017 年,珠三角地

区和东翼地区的机构数分别维持0.1%和0.33%的正增长,而西翼地区和粤北山区则分别呈现-0.23%和-0.09%的负增长。珠三角地区的年末从业人员数从2016年的256194人增长到2017年的257986人,增长0.7%;东翼地区的年末从业人员数从2016年的26165人增长到2017年的26203人,增长0.15%;西翼地区的年末从业人员数从2016年的24794人增长到2017年的24851人,增长0.23%;而粤北山区的年末从业人员数从2016年的27990人减少到2017年的27862人,下降0.46%。珠三角地区的人民币存款额从2016年的150305.1亿元上升到2017年的159329.4亿元,增长6%;东翼地区的人民币存款额从2016年的7018.97亿元上升到2017年的7445.26亿元,增长6.1%;西翼地区的人民币存款额从2016年的6168.25亿元上升至2017年的6712.37亿元,增长8.8%;粤北山区的人民币存款额从2016年的7532.2亿元增长到2017年的8248.79亿元,增长9.5%。在这四大区域的人民币贷款方面,珠三角地区的人民币贷款额从2016年的92928.09亿元上升至2017年的104582.86亿元,增长12.5%;东翼地区的人民币贷款额从2016年的2992.54亿元上升到2017年的3364.03亿元,增长12.4%;西翼地区的人民币贷款额从2016年的3460.49亿元上升到2017年的3924.31亿元,增长13.4%;粤北山区的人民币贷款额则从2016年的4268.67亿元上升到2017年的4935.84亿元,增长15.6%。

表3 广东省各市中资金融机构基本情况

区域	2016年				2017年			
	机构数(个)	年末从业人员数(人)	人民币存款额(亿元)	人民币贷款额(亿元)	机构数(个)	年末从业人员数(人)	人民币存款额(亿元)	人民币贷款额(亿元)
全省合计	16614	335143	171024.47	103649.79	16625	336902	181735.86	116807.03
广州	2715	87823	45937.34	28885.54	2719	89467	48290.54	32571.07
深圳	1721	55739	59562.25	35165.46	1738	56733	62760.40	39940.61
珠海	492	10873	5689.08	3915.61	497	10800	6442.63	4647.11
汕头	659	11114	3076.06	1296.09	663	11172	3264.17	1518.83
佛山	1877	32082	12789.61	8515.62	1859	31571	13561.79	9075.11

续表

区域	2016年 机构数（个）	2016年 年末从业人员数（人）	2016年 人民币存款额（亿元）	2016年 人民币贷款额（亿元）	2017年 机构数（个）	2017年 年末从业人员数（人）	2017年 人民币存款额（亿元）	2017年 人民币贷款额（亿元）
韶关	418	5691	1660.40	766.59	415	5645	1743.53	859.68
河源	344	4571	1130.56	886.16	343	4577	1234.91	1016.10
梅州	575	7041	1813.05	829.33	578	7020	2008.59	982.52
惠州	735	12226	4544.73	3155.13	744	12190	5061.92	3798.57
汕尾	219	3219	739.71	350.17	217	3173	830.36	402.72
东莞	1375	24325	11198.43	6402.48	1377	24437	11767.06	6800.57
中山	641	11684	4690.48	3238.03	636	11576	5093.24	3535.53
江门	890	13116	3870.06	2367.06	892	13015	4118.06	2720.49
阳江	277	4484	1122.34	825.60	277	4434	1226.74	930.88
湛江	809	12029	2834.50	1629.28	806	12139	3041.58	1858.12
茂名	617	8281	2211.41	1005.62	616	8278	2444.04	1135.32
肇庆	549	8326	2023.09	1283.18	544	8197	2233.80	1493.79
清远	473	6723	1906.06	1137.06	473	6695	2144.96	1351.60
潮州	291	4482	1194.15	365.63	292	4483	1256.65	397.93
揭阳	623	7350	2009.05	980.65	626	7375	2094.07	1044.54
云浮	314	3964	1022.14	649.53	313	3925	1116.79	725.94
珠三角	10995	256194	150305.06	92928.09	11006	257986	159329.45	104582.86
东翼	1792	26165	7018.97	2992.54	1798	26203	7445.26	3364.03
西翼	1703	24794	6168.25	3460.49	1699	24851	6712.37	3924.31
粤北山区	2124	27990	7532.20	4268.67	2122	27862	8248.79	4935.84

注：本表存贷款统计口径为中资金融机构人民币存贷款，机构数和年末从业人员统计范围为银行业及相关金融机构（不含人民银行、外资银行及资产管理公司）。

资料来源：《广东统计年鉴2018》。

在地级市层面，2016~2017年，惠州、珠海和深圳三个城市的机构数增长速度位列前三名，增长率依次为1.2%、1%和0.99%。2017年，广州和深圳的年末从业人数员分别为89467人与56733人，比2016年分别增长1.9%和1.8%，无论从业人员总数还是增长率都远高于其他城市，显现出金融业在这两个全国一线城市集聚的特征。2016~2017年，梅州、惠州、汕尾、茂名、肇庆、清远6个城市的人民币存款额都呈现两位数增长，增长率分别为10.8%、11.4%、12.3%、10.5%、10.4%和12.5%。2017年，广东省各个地级市的人民币贷款额都有较高的增长,除了佛山、东莞、中山、潮州和揭阳5市外,其余城市的人民币贷款增长率都超过两位数,其中位列前三名的惠州、清远、珠海更是依次高达20.4%、18.9%和18.7%。总体上看,粤港澳大湾区中的广州、深圳、珠海、佛山、中山、东莞、惠州、江门、肇庆九市的中资金融机构基本情况整体向好。

2. 广东九市金融机构本外币存贷款情况

从表4的广东省各市金融机构本外币存款情况不难看出,粤港澳大湾区中广东省九市的本外币存款整体上保持较高增速。2017年,珠三角地区本外币存款规模最大,同比增长8.2%,其中,广州增长8.1%,深圳增长8.2%,珠海增长13.1%,佛山增长5.7%,惠州增长10.3%,东莞增长8.3%,中山增长7.6%,江门增长6%,肇庆增长10.7%。2017年,东翼地区金融机构本外币存款同比增速为6.5%,在按经济区域划分的四大地区中增速最低;西翼地区金融机构本外币存款同比增速为8.9%,其中,茂名增长10.6%;粤北山区金融机构本外币存款同比增速为9.5%,在四大地区中增速最高,其中,梅州增长10.8%,清远增长12.3%。

表4 广东省各市金融机构本外币存款情况

单位:亿元

区域	各项存款								
	2000年	2005年	2010年	2012年	2013年	2014年	2015年	2016年	2017年
全省合计	19083.6	38119.9	82019.4	105099.5	119685.2	127881.5	160388.2	179829.2	194535.7
广州	6200.5	11734.1	23954.0	30186.6	33838.2	35469.3	42843.7	47530.2	51369.0
深圳	3942.0	9486.8	21937.9	29662.4	33943.2	37350.5	57778.9	64407.8	69668.3
珠海	521.7	1014.1	2748.7	3449.7	4121.6	4570.7	5383.7	6124.3	6928.7
汕头	600.2	995.6	1873.0	2285.4	2530.5	2664.5	2857.5	3125.2	3341.6
佛山	2119.1	3906.9	8462.3	10167.6	11387.1	11275.6	11867.7	13281.6	14042.4
韶关	263.7	468.4	907.7	1117.8	1255.8	1394.2	1532.9	1669.7	1755.0
河源	91.1	205.9	500.0	638.6	754.2	875.9	988.7	1139.3	1248.0

续表

区域	各项存款									
	2000年	2005年	2010年	2012年	2013年	2014年	2015年	2016年	2017年
梅州	219.5	438.7	839.6	1063.8	1245.2	1411.9	1565.3	1819.2	2014.8
惠州	394.4	824.0	2090.1	2697.0	3138.8	3394.6	3836.1	4974.5	5485.6
汕尾	78.2	144.4	332.7	422.7	487.4	545.7	631.0	744.3	836.8
东莞	1327.8	3036.8	6077.9	7691.2	8874.9	9323.3	9968.8	11545.1	12498.0
中山	619.4	1186.8	2665.3	3469.7	4021.3	4149.7	4378.4	5031.0	5413.8
江门	805.2	1279.7	2285.8	2905.5	3335.3	3587.6	3766.8	4030.4	4271.9
阳江	142.7	248.8	575.3	729.3	816.8	910.9	1014.7	1127.4	1230.8
湛江	408.9	717.0	1565.2	1902.3	2173.4	2430.3	2684.6	2847.3	3061.1
茂名	332.5	524.9	1028.7	1332.4	1571.6	1772.2	1974.8	2216.9	2452.4
肇庆	281.6	493.2	1072.5	1355.6	1594.4	1679.3	1785.0	2041.6	2259.8
清远	213.9	394.0	995.4	1215.3	1401.3	1534.6	1699.8	1926.1	2162.9
潮州	162.7	329.0	653.3	836.5	919.3	1004.3	1076.2	1203.6	1267.0
揭阳	240.1	473.6	967.0	1311.1	1529.7	1709.9	1837.9	2017.3	2107.0
云浮	118.4	217.4	486.9	658.9	744.9	826.3	915.9	1026.5	1120.9
珠三角	16211.7	32962.3	71294.5	91585.2	104255.3	110800.6	141609.0	158966.4	171937.4
东翼	1081.2	1942.7	3826.0	4855.7	5466.6	5924.4	6402.3	7090.3	7552.5
西翼	884.2	1490.6	3169.2	3964.1	4561.9	5113.4	5674.1	6191.7	6744.3
粤北山区	906.5	1724.4	3729.7	4694.5	5401.5	6043.1	6702.8	7580.8	8301.5

资料来源：《广东统计年鉴2018》。

表5为广东各市金融机构本外币贷款情况。可以看出，粤港澳大湾区广东九市的本外币贷款在整体上也保持较高增速。2017年，珠三角地区本外币贷款113683亿元，较之于2016年的100149.6亿元增长13.5%，其中，广州增长15.1%，深圳增长14.3%，珠海增长17.3%，佛山增长7.6%，惠州增长15.9%，东莞增长6.7%，中山增长10.9%，江门增长13.2%，肇庆增长10.9%。2017年，按经济区域划分的其余三大地区中，东翼地区金融机构本外币贷款同比增速13.2%，其中，汕头同比增速高达19%；西翼地区金融机构本外币贷款同比增速13.9%，其中，湛江增长14.4%，高于西翼的茂名和阳江两市；粤北山区金融机构本外币贷款同比增速16.1%，在四大地区中增速最高，其中，梅州增长18.5%，清远增长19.1%。

第六章 粤港澳大湾区金融业合作与发展研究

表5 广东省各市金融机构本外币贷款情况

单位：亿元

区域	各项存款								
	2000年	2005年	2010年	2012年	2013年	2014年	2015年	2016年	2017年
全省合计	13227.6	23261.2	51799.3	67077.1	75664.2	84921.8	95661.1	110928.4	126031.9
广州	4226.6	7622.2	16284.3	19936.5	22016.2	24231.7	27296.2	29669.8	34137.1
深圳	3032.1	7596.7	16808.1	21808.3	24680.1	27922.1	32449.0	40526.9	46329.3
珠海	349.2	486.7	1472.5	1920.3	2071.9	2426.2	2969.7	4098.1	4806.9
汕头	476.7	421.4	661.5	811.9	971.9	1072.8	1199.0	1303.9	1551.7
佛山	1581.9	2122.7	4869.0	6391.5	7111.3	7595.8	7950.5	8717.8	9377.0
韶关	149.2	169.7	376.1	497.9	581.4	671.2	731.8	772.5	876.8
河源	62.2	108.1	338.7	472.9	573.2	699.0	801.1	888.1	1018.4
梅州	147.0	206.4	331.1	454.0	547.5	635.5	736.4	830.2	984.5
惠州	221.4	409.4	1225.7	1735.1	2036.9	2437.0	2701.6	3461.0	4012.9
汕尾	68.7	57.2	131.1	190.8	228.5	269.6	306.1	352.7	407.8
东莞	642.3	1540.5	3442.0	4446.8	4989.5	5562.4	5980.7	6545.7	6986.3
中山	382.1	498.1	1373.6	1969.1	2315.9	2644.9	2894.3	3367.1	3734.9
江门	574.3	565.4	1032.5	1467.2	1715.2	2024.5	2218.0	2469.8	2796.8
阳江	89.7	100.7	292.2	445.7	537.6	707.0	757.7	827.4	932.9
湛江	294.7	310.0	721.0	1067.5	1227.3	1372.6	1568.8	1633.8	1869.2
茂名	212.0	230.9	362.4	540.6	642.1	759.5	858.3	1005.9	1146.4
肇庆	217.4	232.1	652.0	893.6	1051.4	1172.5	1281.5	1293.4	1502.0
清远	150.8	179.1	520.6	725.9	853.6	953.5	1061.2	1152.1	1372.3
潮州	118.6	137.2	219.4	290.2	323.0	357.2	369.0	368.6	399.9
揭阳	131.3	169.4	407.1	615.6	717.6	873.6	931.5	992.4	1057.9
云浮	84.1	97.1	278.3	395.5	471.5	533.3	598.1	651.3	731.5
珠三角	11227.4	21073.9	47159.7	60568.4	67988.7	76017.1	85741.8	100149.6	113683.0
东翼	795.2	785.2	1419.1	1908.5	2241.3	2573.2	2805.9	3017.6	3417.3
西翼	596.4	641.6	1375.7	2053.9	2407.0	2839.0	3184.8	3467.1	3948.5
粤北山区	593.4	760.5	1844.8	2546.9	3027.3	3492.4	3928.6	4294.2	4983.5

资料来源：《广东统计年鉴2018》。

3. 广东九市金融机构住户存款情况

从表6可以看出广东各地级市中外资金融机构本外币住户存款情况。2017年，珠三角地区的中外资金融机构本外币住户存款额为48505.4亿元，同比增长4.7%，占全省中外资金融机构本外币住户存款总额的77.1%。其中，广州的本外币住户存款额为15032.3亿元，同比增长4.2%，深圳这一存款额为11159.8亿元，同比增长3.8%，此外珠海同比增长5.8%，佛山同比增长4.2%，惠州同比增长10.5%，东莞同比增长4.4%，中山同比增长5.5%，江门同比增长5.8%，肇庆同比增长9.1%。2017年，东翼地区的中外资金融机构本外币住户存款总额为4969.6亿元，同比增长5%，约占全省总额的7.9%，其中，汕尾同比增长9.4%；西翼地区的中外资金融机构本外币住户存款总额4424.7亿元，同比增长8.2%，约占全省总额的7%，其中，湛江同比增长7.9%，茂名同比增长8.6%；粤北山区的中外资金融机构本外币住户存款总额5042.6亿元，同比增长9.1%，约占全省总额的8%，其中，云浮同比增长8.6%，梅州同比增长8.9%，河源同比增长9.3%，而清远同比增长10.5%。

表6 广东省中外资金融机构本外币住户存款情况

单位：亿元

区域	2000年	2005年	2010年	2012年	2013年	2014年	2015年	2016年	2017年
全省合计	10031.68	20267.76	36965.75	46265.58	50638.64	53215.87	55008.70	59768.75	62942.27
广州	2683.38	5475.77	9302.33	11557.00	12496.69	12825.64	13602.38	14430.11	15032.29
深圳	1391.78	3525.70	6918.19	8910.98	9690.28	10193.04	9680.24	10755.66	11159.78
珠海	262.41	513.72	982.54	1234.72	1360.23	1423.01	1322.97	1457.49	1542.24
汕头	401.88	765.26	1305.62	1549.33	1679.13	1764.78	1918.05	2093.10	2183.40
佛山	1359.52	2465.51	4460.82	5215.16	5602.58	5806.94	6232.20	6736.22	7019.38
韶关	172.46	320.00	562.11	701.41	787.84	859.52	925.18	1008.87	1086.75
河源	71.32	146.36	314.33	416.29	480.14	531.49	591.09	660.78	722.30
梅州	166.95	326.86	582.20	761.27	888.88	985.46	1061.20	1147.07	1249.65
惠州	276.61	548.27	1044.17	1362.56	1545.08	1651.81	1729.01	1961.99	2168.88
汕尾	58.89	111.83	231.32	298.38	340.35	376.34	388.93	431.35	471.84
东莞	753.78	1796.69	3425.89	4246.97	4517.59	4648.27	4630.69	4943.56	5160.71
中山	409.23	764.69	1462.96	1771.65	1950.56	2057.33	2108.53	2309.44	2435.73

续表

区域	2000年	2005年	2010年	2012年	2013年	2014年	2015年	2016年	2017年
江门	607.54	951.96	1516.72	1898.06	2073.97	2218.80	2270.52	2454.80	2597.46
阳江	107.92	192.35	386.82	496.04	558.52	609.46	665.27	740.07	796.34
湛江	310.23	514.85	945.28	1251.64	1410.98	1520.22	1684.28	1818.28	1963.10
茂名	251.70	413.71	752.61	986.18	1137.67	1273.71	1413.64	1532.81	1665.26
肇庆	197.68	347.39	657.31	862.12	981.92	1075.02	1160.94	1272.68	1388.91
清远	152.70	279.69	593.11	744.74	840.57	927.07	1013.87	1127.16	1245.60
潮州	111.07	246.32	461.35	588.53	647.49	698.39	748.54	814.54	844.81
揭阳	190.83	392.24	716.17	950.56	1128.99	1196.57	1251.86	1392.73	1469.54
云浮	93.82	168.58	343.92	462.00	519.18	573.00	609.30	680.04	738.30
珠三角	7941.93	16389.7	29770.92	37059.20	40218.90	41899.85	42737.49	46321.96	48505.38
东翼	762.66	1515.65	2714.46	3386.80	3795.95	4036.09	4307.37	4731.72	4969.59
西翼	669.84	1120.91	2084.70	2733.86	3107.18	3403.39	3763.19	4091.16	4424.70
粤北山区	657.25	1241.49	2395.67	3085.72	3516.61	3876.55	4200.64	4623.91	5042.60

资料来源：《广东统计年鉴2018》。

4. 广东九市金融机构住户贷款情况

表7为广东省各市金融机构住户贷款情况。从表7可见，2017年，珠三角地区金融机构住户贷款47386.7亿元，同比增长5%，其中，广州同比增长4.4%，深圳同比增长4.3%，珠海同比增长6.1%，佛山同比增长4.3%，惠州同比增长10.6%，东莞同比增长4.5%，中山同比增长5.6%，江门同比增长6.1%，肇庆同比增长9.2%。2017年，东翼地区金融机构住户贷款4933.8亿元，同比增长5.2%，其中，汕尾同比增长9.4%；西翼地区金融机构住户贷款4408.3亿元，同比增长8.2%，其中，阳江同比增长7.7%，湛江同比增长8%，茂名同比增长8.7%；粤北山区金融机构住户贷款5027.4亿元，同比增长9.1%，其中，韶关同比增长7.8%，云浮同比增长8.6%，梅州同比增长9%，河源同比增长9.4%，清远同比增长10.6%。

表7 广东省中资金融机构人民币住户贷款情况

单位：亿元

区域	2000年	2005年	2010年	2012年	2013年	2014年	2015年	2016年	2017年
全省合计	8667.29	19051.35	36219.15	44803.43	49287.89	51835.12	54114.45	58510.24	61756.26
广州	2239.64	5024.69	9013.15	11174.68	12178.58	12498.70	13236.26	13939.71	14554.98
深圳	1082.43	3229.38	6717.05	8132.16	8926.10	9410.59	9429.42	10361.19	10807.45
珠海	216.08	480.87	957.58	1196.27	1331.14	1390.93	1296.96	1419.67	1506.42
汕头	351.40	733.50	1291.11	1528.12	1661.21	1747.76	1897.90	2066.71	2160.01
佛山	1216.98	2358.78	4406.34	5155.01	5548.32	5752.38	6170.92	6652.25	6938.22
韶关	165.47	313.97	559.16	698.58	784.91	856.57	921.64	1004.27	1082.60
河源	69.96	145.12	313.64	415.52	479.29	530.65	590.09	659.52	721.19
梅州	155.14	318.77	578.33	757.67	885.46	982.16	1057.84	1142.61	1245.59
惠州	249.31	522.21	1031.63	1349.23	1533.01	1639.54	1717.05	1944.68	2151.03
汕尾	54.18	108.39	229.73	296.29	337.14	373.32	385.72	428.34	468.68
东莞	672.07	1728.28	3384.45	4187.68	4467.60	4598.76	4587.86	4878.75	5097.55
中山	354.65	725.06	1442.18	1747.90	1930.79	2036.77	2082.30	2277.27	2405.02
江门	483.75	851.93	1461.98	1852.48	2029.55	2173.73	2228.65	2400.89	2546.23
阳江	104.99	189.91	385.69	494.59	556.95	607.83	663.22	737.58	794.03
湛江	298.14	505.70	940.08	1245.66	1404.49	1513.75	1675.56	1807.57	1952.70
茂名	247.45	410.02	750.67	984.03	1135.23	1271.20	1410.49	1528.48	1661.61
肇庆	184.21	335.91	650.23	851.29	973.60	1066.31	1151.53	1263.09	1379.82
清远	146.27	273.86	590.26	741.99	837.35	924.16	1010.55	1122.96	1241.50
潮州	104.19	242.65	459.60	585.92	644.11	695.15	744.83	809.31	840.25
揭阳	180.82	387.29	714.16	947.98	1125.55	1193.52	1247.84	1387.32	1464.85
云浮	90.13	165.09	342.13	460.38	517.51	571.34	607.82	678.06	736.54
珠三角	6699.12	15257.09	29064.60	35646.70	38918.70	40567.69	41900.94	45137.49	47386.71
东翼	690.59	1471.82	2694.60	3358.31	3768.00	4009.75	4276.29	4691.68	4933.78
西翼	650.58	1105.62	2076.44	2724.28	3096.67	3392.78	3749.27	4073.63	4408.34
粤北山区	626.97	1216.81	2383.51	3074.14	3504.52	3864.89	4187.95	4607.43	5027.42

资料来源：《广东统计年鉴2018》。

(三) 澳门金融业发展现状

1. 澳门 M1[①] 供应量及其内部结构

表 8 为澳门特别行政区 M1 货币供应量变动趋势及其内部结构。2015 年以来，澳门 M1 货币供应量总额呈现明显的上升趋势，从 2015 年第一季度（Q1）的 604.46 亿澳门元上升到 2019 年第一季度（Q1）的 823.49 亿澳门元，增长 36.2%。在 2019 年第一季度（Q1）M1 的主要货币构成中，澳门元为 455.54 亿，同比增长 6%；港元达 353.22 亿澳门元，同比增长 5%；人民币约为 0.15 亿澳门元，同比下降 11%；美元约为 7.6 亿澳门元，同比下降 8%。

表 8　澳门 M1 供应量变动情况及内部结构

单位：百万，%

年份		总额		澳门元		港元	
		澳门元	同期变动率	澳门元	同期变动率	澳门元	同期变动率
2015	Q1	60446	5	31495	18	27403	-8
	Q2	66506	12	31869	16	33300	9
	Q3	59041	0	31630	9	26085	-9
	Q4	61661	0	33595	12	26703	-12
2016	Q1	67098	11	33650	7	32042	17
	Q2	59894	-10	33280	4	25401	-24
	Q3	65316	11	36078	14	28040	8
	Q4	63674	3	36756	9	25504	-5
2017	Q1	71297	6	38917	16	31176	-3
	Q2	70050	17	39544	19	29456	16
	Q3	66560	2	38047	6	27106	-3
	Q4	72393	14	42132	15	28784	13
2018	Q1	78102	10	42880	10	33721	8
	Q2	79300	13	44025	11	33984	15
	Q3	75259	13	43381	14	30466	12
	Q4	80758	12	45236	7	34182	19
2019	Q1	82349	5	45554	6	35322	5

---

① 一般而言，M1 指狭义货币，是指流通中的现金（M0）与企业活期存款之和。

续表

年份		人民币		美元		其他货币	
		澳门元	同期变动率	澳门元	同期变动率	澳门元	同期变动率
2015	Q1	20	-36	1240	100	288	16
	Q2	17	15	1016	-7	305	13
	Q3	24	-3	996	-12	307	25
	Q4	25	-37	1061	-15	278	32
2016	Q1	20	0	1042	-16	344	19
	Q2	23	40	930	-9	260	-15
	Q3	19	-22	883	-11	296	-4
	Q4	74	191	1030	-3	311	12
2017	Q1	15	-25	866	-17	324	-6
	Q2	14	-42	738	-21	299	15
	Q3	13	-29	1073	22	321	9
	Q4	17	-77	1156	12	304	-2
2018	Q1	17	15	822	-5	662	105
	Q2	17	24	727	-2	548	84
	Q3	14	1	941	-12	458	43
	Q4	22	29	930	-20	389	28
2019	Q1	15	-11	760	-8	699	6

注：Q1、Q2、Q3、Q4 分别表示第一季度、第二季度、第三季度、第四季度，下同。
资料来源：澳门统计暨普查局。

2. 澳门 M2[①] 供应量及其内部结构

从澳门特别行政区 M2 货币供应量变动趋势及其内部结构容易发现（见表9），澳门的 M2 货币供应量从 2015 年第一季度（Q1）的 4776 亿澳门元上升到 2019 年第一季度（Q1）的 6620.81 亿澳门元，增长 38.6%。2019 年第一季度（Q1）M2 的主要货币构成方面，澳门元 2046.1 亿，同比增长 9%；港元达 3425.5 亿澳门元，同比增长 5%；人民币约为 298.75 亿澳门元，同比增长 11%；美元约为 727.31 亿澳门元，同比增长 40%；其他货币达 123.16 亿澳门元，同比增长 7%。总体上，澳门的 M2 货币供应量增长较快，内部结构中的主要货币都有较明显的增长。

---

① M2 指广义货币，是指 M1 + 准货币（定期存款 + 居民储蓄存款 + 其他存款 + 证券公司客户保证金）。

表 9 澳门 M2 供应量变动情况及内部结构

单位：百万，%

年份		总数		澳门元		港元	
		澳门元	同期变动率	澳门元	同期变动率	澳门元	同期变动率
2015	Q1	477595	5	131442	17	238052	5
	Q2	488763	1	132961	14	244301	2
	Q3	482322	-1	137533	12	237369	-2
	Q4	472829	-3	141335	14	243506	-2
2016	Q1	478130	0	144874	10	247434	4
	Q2	478844	-2	146190	10	246744	1
	Q3	505800	5	157125	14	263865	11
	Q4	532475	13	163023	15	289234	19
2017	Q1	547202	14	173364	20	289360	17
	Q2	556634	16	176392	21	296199	20
	Q3	567686	12	180020	15	301983	14
	Q4	591466	11	182789	12	320297	11
2018	Q1	604204	10	187979	8	325828	13
	Q2	604704	9	191403	9	317896	7
	Q3	626434	10	193982	8	323777	7
	Q4	651461	10	198508	9	341968	7
2019	Q1	662081	10	204609	9	342550	5

		人民币		美元		其他货币	
		澳门元	同期变动率	澳门元	同期变动率	澳门元	同期变动率
2015	Q1	57031	-25	40744	31	10326	6
	Q2	55627	-32	45101	22	10774	13
	Q3	44590	-43	52432	49	10398	6
	Q4	31880	-54	45592	24	10515	4
2016	Q1	27959	-51	46457	14	11405	10
	Q2	30988	-44	43715	-3	11208	4
	Q3	29281	-34	43717	-17	11811	14
	Q4	22469	-30	45695	0	12055	15
2017	Q1	21227	-24	52030	12	11221	-2
	Q2	21912	-29	50810	16	11321	1
	Q3	23872	-19	50632	16	11180	-5
	Q4	24002	7	52951	16	11427	-5

续表

年份		人民币		美元		其他货币	
		澳门元	同期变动率	澳门元	同期变动率	澳门元	同期变动率
2018	Q1	26906	27	51984	0	11508	3
	Q2	26050	19	56510	11	12845	14
	Q3	27218	14	68985	36	12471	12
	Q4	27560	15	70302	33	13124	15
2019	Q1	29875	11	72731	40	12316	7

资料来源：澳门统计暨普查局。

3. 澳门金融业就业人口情况

从表10不难发现，澳门金融业就业人口从2015年第一季度（Q1）的1.01万人增长到2019年第一季度（Q1）的1.14万人，增长12.9%，在2019年第一季度（Q1）的同期变动率为4.83%。

表10 澳门金融业就业人口变动情况

单位：千人，%

年份	季度	就业人数	同期变动率
2015	Q1	10.1	10.4
	Q2	10.9	-2.82
	Q3	10.8	-10.35
	Q4	11.2	10.58
2016	Q1	10.7	5.57
	Q2	9.5	-12.51
	Q3	11.2	3.38
	Q4	10.2	-9.4
2017	Q1	10	-6.02
	Q2	12.2	27.7
	Q3	11.7	4.48
	Q4	11.2	10.5
2018	Q1	10.9	8.49
	Q2	10.1	-16.96
	Q3	10.7	-8.41
	Q4	11.3	0.79
2019	Q1	11.4	4.83

(四) 香港金融业发展现状

1. 香港 M1 供应量及其内部结构

从表 11 香港 M1 供应量变动情况可知,香港 M1 供应量从 2015 年第一季度(Q1)的 19414.9 亿港元增长到 2018 年第四季度(Q4)的 24216 亿港元,增长约 24.7%。在货币结构方面,未经调整(经季节性调整)的港元供应量从 2015 年第一季度(Q1)的 13098.3 亿港元(11020.6 亿港元)增长到 2018 年第四季度(Q4)的 15557.3 亿港元(15661.1 亿港元),增长约 18.8%(42.1%);外币从 2015 年第一季度(Q1)的 6316.6 亿港元增长到 2018 年第四季度(Q4)的 8658.7 亿港元,增长约 37.1%。

表 11 香港 M1 供应量变动情况

单位:百万港元

年份	季度	港元 未经调整	港元 经季节性调整	外币	总计(M1)
2015	Q1	1309831	1102064	631660	1941490
	Q2	1287541	1269946	629418	1916960
	Q3	1265500	1256593	753328	2018828
	Q4	1253380	1258391	717766	1971146
2016	Q1	1306062	1295131	770572	2076634
	Q2	1329267	1334325	760665	2089932
	Q3	1417126	1397019	817318	2234444
	Q4	1428775	1438107	785195	2213970
2017	Q1	1474229	1490922	754581	2228810
	Q2	1502456	1514318	796564	2299020
	Q3	1607223	1579023	786244	2393467
	Q4	1598014	1608688	833447	2431461
2018	Q1	1656884	1675617	816553	2473438
	Q2	1660700	1644832	859225	2519925
	Q3	1602519	1574276	842906	2445424
	Q4	1555731	1566107	865867	2421598

资料来源:香港特别行政区政府统计处。

2. 香港 M2 供应量及其内部结构

从表 12 给出的香港 M2 供应量变动情况可知，香港 M2 供应量从 2015 年第一季度（Q1）的 113450 亿港元增长到 2018 年第四季度（Q4）的 143480.6 亿港元，增长约 26.5%。在货币结构方面，未经调整（已包括外币掉期存款）的港元供应量从 2015 年第一季度（Q1）的 56012 亿港元（56013.2 亿港元）增长到 2018 年第四季度（Q4）的 72624.3 亿港元（72624.5 亿港元），增长约 29.7%（29.7%）；未经调整（已扣除外币掉期存款）的外币从 2015 年第一季度（Q1）的 57438 亿港元（57436.9 亿港元）增长到 2018 年第四季度（Q4）的 70856.3 亿港元（70856.1 亿港元），增长约 23.4%（23.4%）。

表 12　香港 M2 供应量变动情况

单位：百万港元

年份	季度	港元 未经调整	港元 已包括外币掉期存款	外币 未经调整	外币 已扣除外币掉期存款	总计（M2）
2015	Q1	5601199	5601316	5743802	5743686	11345002
	Q2	5775002	5775051	5661353	5661304	11436355
	Q3	5737707	5737756	5707802	5707754	11445509
	Q4	5765501	5765549	5852940	5852892	11618441
2016	Q1	5801753	5801800	5945881	5945835	11747635
	Q2	5899302	5899348	5892015	5891970	11791318
	Q3	6187798	6187842	6202405	6202361	12390203
	Q4	6280112	6280156	6227868	6227824	12507980
2017	Q1	6598403	6598508	6330446	6330342	12928850
	Q2	6837132	6837206	6477562	6477489	13314695
	Q3	7004186	7004256	6480252	6480182	13484438
	Q4	7010279	7010345	6744977	6744910	13755255
2018	Q1	7229491	7229517	6706043	6706016	13935534
	Q2	7262481	7262507	6717467	6717441	13979948
	Q3	7299243	7299268	6817422	6817396	14116664
	Q4	7262426	7262451	7085633	7085608	14348059

资料来源：香港特别行政区政府统计处。

3. 香港金融业就业人员情况

从表 13 香港金融业从业人员数量与占比的情况可知，从事金融服务行业的人数从 2005 年的 16.81 万人增长到 2018 年的 21.85 万人，就业人员占比也从 5.4% 上升到 6.27%；从事银行业的人数从 2005 年的 8.04 万人增长到 2018 年的 9.2 万人，就业人员占比从 2005 年的 2.6% 下降到 2010 年的 2.2%，然后又波动上升到 2018 年的 2.59%。

表 13　香港金融业从业人员数量与占比

单位：万人，%

年份	金融服务 人数	金融服务 占比	银行 人数	银行 占比
2005	16.81	5.40	8.04	2.60
2006	17.09	5.50	8.04	2.60
2007	16.91	5.30	7.71	2.40
2008	17.81	5.50	7.65	2.30
2009	17.60	5.50	7.46	2.30
2010	16.79	5.20	7.13	2.20
2011	16.94	5.20	7.22	2.20
2012	17.94	5.40	7.52	2.30
2013	18.60	5.40	8.12	2.40
2014	19.27	5.50	8.84	2.50
2015	20.61	5.90	9.35	2.70
2016	21.14	6.10	9.27	2.70
2017	21.67	6.20	9.17	2.60
2018	21.85	6.27	9.20	2.59

资料来源：刘佳骏《发挥香港优势，推进粤港澳大湾区建设》，《中国发展观察》2019 年第 9 期。

二　粤港澳大湾区金融业合作存在的主要问题

在推进粤港澳大湾区金融业合作过程中，主要存在如下相对凸显的问题。

(一)如何有力推进在两种不同制度下的金融合作

"一国两制"的伟大构想有力地推进了祖国的和平统一大业,是人类社会发展历史上举世瞩目的伟大创举。此外,当前还应该看到的是,要推动粤港澳大湾区金融合作,盘活大湾区不同城市的资本活力,首先应该在遵循"一国两制"的前提下,在顶层设计层面上制定实施能够有效促进粤港澳大湾区不同城市之间金融合作的具体政策措施,以尽可能减少因不同制度环境而给粤港澳大湾区金融合作造成的阻碍。

(二)如何高效实现大湾区不同城市的金融优势互补

粤港澳大湾区要成为带动中国经济高质量发展的增长极以及引领科技与金融发展的领头羊,就必须有效实现大湾区中不同城市之间的优势互补,在金融合作方面更是如此。深交所和港交所是粤港澳大湾区中两个发挥着促进资本形成、发现价格、管理风险、配置资源等重要金融功能的交易所,汇聚了一批金融证券服务机构和上市公司,成为大湾区资本形成、金融合作的重要枢纽。因此,应该进一步推进粤港澳大湾区金融合作,实现两大交易所优势互补。

(三)如何促进大湾区不同币种之间的高效运行

粤港澳大湾区中的各个城市之间不仅存在经济环境和社会条件方面的差异,而且流通着人民币、港币、澳门元三种货币,且它们还分别受制于不同的货币和银行体系。目前,人民币和港币及澳门元之间尚未实现完全自由兑换,从而存在相对明显的流动性障碍,提高了粤港澳大湾区在金融和产业合作方面的成本。伴随着粤港澳大湾区三地金融合作需要的日益增强,如何推进三种货币在大湾区中自由流通和高效运行便是一个亟须解决的问题。

三 粤港澳大湾区金融业合作与发展方式探究

(一) 打造深圳金融先行示范区

1. 深圳已具备成为金融先行示范区的经济基础和金融基础

深圳作为中国人口最年轻的大城市，其经济发展一直位居全国前列，并且在我国一线城市中保持领先地位。2018 年，深圳人均 GDP 达到 19.3 万元，比广东全省高 1.21 倍①，比北京、上海两大一线城市分别高 37.9% 和 42.2%。深圳兼容并包的文化以及敢为天下先的创新精神驱动着深圳经济的快速发展。

金融业作为深圳的支柱产业，在 2019 年上半年实现增加值 1663.16 亿元，同比增长 7.0%；实现税收（不含海关代征关税和证券交易印花税）894 亿元，同比增长 2%，占全市总税收的 24.8%。在 2019 年 3 月的"全球金融中心指数"（GFCI）排名中，深圳位居第 14 位，国内仅次于香港、上海和北京。

2. 将深圳打造成盘活粤港澳金融活力的境内金融高地和独立金融开放监管区

(1) 打造深圳跨境金融先行地

粤港澳大湾区跨境人民币收付规模大。随着对外开放的全面深入，跨境金融已迅速成为深圳金融业的重要部分。深圳身处大湾区腹地，必须继续制定和实施更多的先行先试政策，确保跨境金融健康有序发展。第一，深圳要继续颁布及实施促进跨境贷、跨境资产转让以及其他跨境融资方式发展的便利化措施，充分利用境内外两个市场、两种资源，助

---

① 《重磅！深圳建设"先行示范区"，10 大要点全解读！》，凤凰网，http://news.ifeng.com/c/7pFDDLykvaY。

推高新技术企业快速发展。第二，继续扩大资本项目外汇收入支付便利化试点，可将前海蛇口自贸片区进一步扩大，企业试点门槛可以依据各地区实际情况进一步调整和降低，引导并鼓励资本项目外汇收入用于境内股权投资。

(2) 建立数字货币研究先行示范区

作为创新领头羊以及数字货币研究的领先城市，深圳要充分利用区块链、大数据、人工智能等高科技领域的已有成果，将其应用到金融业，推动金融科技不断创新突破，在中国人民银行数字货币研究所的研究基础上，探索法定数字货币监管模式与科学结构，推动大湾区贸易金融区块链平台发展。

(3) 设立深圳独立金融开放监管区

在当前错综复杂的国际环境下，金融监管环境发生了重大变化。要进一步推动中国对外开放以及粤港澳大湾区发展，就应该给予深圳更多的自主权，在金融层面可以尝试设立独立金融开放监管区，在顶层设计上进一步加强深圳的金融监管独立性。

借助建设先行示范区的契机，完善创业板发行上市、再融资和并购重组准则，确保创业板服务于中小企业，加快推进创业板向科创板的注册制靠拢。在深圳探究监管规范趋同及金融消费者权益跨境维护机制，加强跨境金融风险的监管，深入研究推进深港澳金融互联互通与特色金融合作，实现深港澳金融互通。

(4) 发扬深圳敢想敢干的进取精神

深圳作为中国最年轻的大城市，一直是改革的"试验田"和开放的"窗口"。深圳多元包容、兼收并蓄的文化孕育了深圳人锐意创新、敢为天下先的品质，助推了深圳经济快速发展，为全国改革开放和现代化建设以及中国特色社会主义道路探索积累了宝贵经验并做出了重大贡献。

在金融发展方面拥有更多的自主权之后，深圳要保持并进一步提高锐意创新、敢想敢干的进取精神，不断开拓发展视野，善于谋划未来，探索完善产权制度，妥善处理好市场与政府的关系，开拓全面深化改革开放新格局。

（二）夯实香港金融科技合作的"领头羊"地位

1. 守护香港的国际金融中心地位

2019 年，发生在香港的暴力活动严重影响了香港的零售、餐饮以及旅游等行业发展，也给香港的国际金融形象以及营商环境带来重大损害，唱衰香港金融、打击投资者信心的行为持续不断。目前特区政府密切监察市场情况，香港金融风险可控，港元资金流未见异样，体现了香港金融体系防震能力强。

金融是香港的支柱行业，其国际金融中心地位来之不易。香港目前是全球最大的离岸人民币中心，是中国金融开放的"试验田"，"沪港通""深港通""债券通"都在香港试点并成绩显著。作为全球金融中心之一，香港的金融市场繁荣，没有外汇管制，方便与东南亚新兴市场和其他市场进行金融交易，中国内地银行以及互联网金融企业在获得牌照后可以更加快捷和低成本地进行跨境交易和境外业务铺设。因此，当前香港需要尽快止暴治乱，恢复秩序，澄清扰乱市场的谣言，守护并巩固香港的国际金融中心地位。

2. 打造香港金融科技合作的"领头羊"地位

当今世界，金融科技迅猛发展，英国、新加坡、瑞士和澳大利亚等国家和地区相继引入了有利于金融科技发展的政策法规。中国香港拥有国际金融中心的地位及强大的信息和通信科技基础设施，是全球位居前列的金融科技中心。然而，中国香港在金融科技方面起步较晚，需要立足于已有的国际金融中心地位奋起直追，积极应变。

第一，香港特区政府可设立金融科技办事处，集中力量以求在网络安全、支付和证券结算、数码身份认证、财富及保险科技和监管科技等方向取得突破性进展。第二，立足于数码港这一香港最大的金融科技基地，将之打造成包括区块链、网络安全、人工智能、大数据，以及财富管理和交易工程在内的金融科技高地,为香港的金融服务业注入更多创新元素。第三,加快金融科技转型,推进香港虚拟银行的获批。虚拟银行是主要通过互联网或其他电子渠道提供零售银行服务的银行,它一般以包括中小型企业在内的零售客户为服务对象。虚拟银行不需要设立实体网点,节省了大量的租金、人力成本和运营成本,它因不设最低账户余额要求和低余额账户管理费,所以可以更好地服务于规模较小的企业客户,尤其是它在人工智能、生物识别、区块链等领域拥有相对的技术优势,可以实现在客户服务、风险控制、成本控制、运营效率上的全面提升。当然,虚拟银行在监管上的不确定性以及安全等方面的问题也需要引起高度关注。第四,推动粤港澳大湾区科技金融互联互通。在大湾区中制定实施加速推进虚拟银行等方面互联互通的政策,切实为市民和企业在跨境金融服务方面创造更多的便利,通过推进跨境金融服务,提升企业融资和大湾区居民的金融服务便利化水平。此外,香港还要加强和深圳、澳门、广州等其他核心城市的合作,优势互补,互惠共赢,共同打造世界级金融科技中心。

(三) 构建粤港澳大湾区开放银行

1. 设立开放银行的可行性与必要性

开放银行一般是指商业银行借助开放 API 或 SDK 等技术方式,将自身的金融服务开放给合作伙伴以及客户的银行模式①。开放银行不仅是一种应用 API 或 SDK 的重要技术,还是一种共享平台,更是一种开放的经营理念②。

随着粤港澳大湾区金融合作不断加强,大湾区中金融服务业能力以及创新水平也在不断提升,金融与科技得以迅速融合发展,商业银行机构体量庞大,更多的金融发展经验持续积累,更多的人才、资本、科技不断集聚,更

---

① 陈翀:《第三方开放银行平台模式》,《中国金融》2017 年第 20 期。
② 董希淼:《"开放银行"时代,开放的不只是银行》,中新经纬,https://news.hexun.com/2019 - 01 - 04/195766813.html,2019 年 1 月 4 日。

多优惠政策也陆续出台，为成立大湾区开放银行提供了可能并奠定了优良的基础。

成立粤港澳大湾区开放银行有助于中小企业降低金融成本并提升融资能力，培育和助推先进制造业和现代服务业发展，重构商业银行核心竞争力，加快将大湾区建设成为国际金融枢纽，并且为大湾区科技创新注入新活力和新动力。

2. 粤港澳大湾区开放银行构建步骤及政策探讨

当前，中国内地相关部门对于成立开放银行的相关政策尚处于学习境外经验并初步探索的阶段，因此，需要在充分吸收境外已有经验的基础上有序、稳步推进。

第一，在顶层设计中应该加大对粤港澳大湾区开放银行的政策支持力度，稳步推进商业银行开放发展的步伐。出台粤港澳大湾区开放银行的专项政策法规及指导文件，细化大湾区开放银行的信息接口类型、金融服务范围、开放 API 的分类等核心内容，构建大湾区金融数据共享平台。第二，制定粤港澳大湾区开放银行的技术规范，突破开放银行筹备建设过程中在安全技术、业务规则、隐私保护、数据标准等方面所遇到的瓶颈限制。第三，提升跨境开户、跨境投融资的便利性及金融服务质量，开拓多元的金融创新途径，改善粤港澳大湾区金融市场的互联互通程度。第四，坚持宏观审慎的管理原则，加强金融风险监管与评估，强化网络信息安全管理，做好预警分析，保障开放银行合规、高效运行。

·第七章·
粤港澳大湾区服务业发展指数研究

刘恩初[*]

一 粤港澳大湾区服务业发展指数的意义

2017年7月1日,国家发改委和粤港澳政府签署了《深化粤港澳合作推进大湾区建设框架协议》,为大湾区建设定下了合作的目标和原则,共同推进粤港澳大湾区发展。

粤港澳大湾区建设是新时代国家改革开放背景下的重大发展战略,对国家实施创新驱动发展和坚持改革开放具有重大意义。其建设目标是进一步深化粤港澳合作,充分发挥三地综合优势,促成区内的深度融合,推动区域经济协同发展,建设宜居、宜业、宜游的国际一流湾区。

从粤港澳各地区的产业发展状况来看,服务业已经成为产业发展的重点。2017年,广东省实现地区生产总值89879.23亿元,其中,服务业增加值达47488.28亿元,增长了8.6%,服务业占GDP比重达52.8%,服务业对GDP增长的贡献率达58.2%;珠三角九市的服务业增加值则达42985.80

---

[*] 作者简介:刘恩初,广东外语外贸大学国际服务经济研究院(国际服务外包研究院)研究人员,主要研究方向为服务经济与管理、城市服务业竞争力、技术创新。

亿元,占 GDP 比重达 56.8%。香港和澳门的服务业增加值分别为 20421.27 和 2260.93 亿元,占 GDP 比重分别为 92.4% 和 93.1%。可以说,粤港澳大湾区已全面进入服务经济时代。

随着粤港澳大湾区进入服务经济时代,服务业在国民经济中的地位已越来越重要,政府机构和经济学者乃至企业研究者对及时、科学和公正的粤港澳大湾区服务业发展评估和监测指标的需求日趋强烈。然而,当前对粤港澳大湾区乃至各城市服务业发展状况的评估指标具有很大局限和不足,这主要表现为以下三点。

第一,粤港澳大湾区服务业发展评估指标缺乏统一标准。粤港澳各地的经济和社会制度不同,分属不同的关税区域,其国民经济和社会发展的统计体系及统计口径等存在较大差异,这导致粤港澳大湾区从统一的统计口径计算的评估指标很难得到,不能准确反映粤港澳大湾区整体及区域内部各城市的服务业发展状况。

第二,现存的服务业发展评估指标结构单一。无论是广东省各城市还是香港和澳门特别行政区,现有的服务业发展指标主要包括各城市服务业增加值和服务业从业人员规模或比重,这并不能系统全面地反映各城市服务业发展的真实状况。

第三,服务业发展评估指标缺乏对政策导向的反映。服务业发展评估指标应不仅能反映服务业的发展规模和比重的情况,同时也应能客观真实地反映服务业发展的政策导向情况。2019 年 2 月 18 日,中共中央、国务院印发了《粤港澳大湾区发展规划纲要》,为粤港澳大湾区的发展指明了方向,而这并不能在现有的指标体系中反映出来。

研究服务业发展的内在规律,建立可行的服务业发展评估指标体系,并对粤港澳大湾区整体及各城市服务业发展进行研究,以图更深刻地掌握粤港澳大湾区及各城市服务业发展状况,这既符合学术研究的目的和需求,也能为政府制定服务业发展政策提供有益的数据和实证支撑。通过各城市间的综合比较,落后城市能够对比大湾区先进城市,深入了解和认识自身服务业发展的优势和薄弱环节，制定合理的服务业发展计划，实现服务业的持续、快速、健康发展和资源的有效配置。因此，建立粤港澳大湾区服务业发展综合评价指标体系意义重大。

本研究基于对粤港澳大湾区各城市服务业的长期研究，通过收集和整理各城市服务业相关的翔实统计数据，以经济理论、服务业发展的有关规律为基础，以定量分析方法为依据，通过多指标的筛选与合成，构建粤港澳大湾区及城市服务业发展指数指标体系，以客观、准确地反映粤港澳大湾区及各城市的服务业发展状况。本研究基于粤港澳大湾区城市服务业发展指数，发布粤港澳大湾区城市服务业发展水平排名，并计算粤港澳大湾区整体的服务业发展指数，为粤港澳大湾区服务业的政策方向和合理布局等提供支持。

二 粤港澳大湾区服务业发展指数构建原则

总体来说，粤港澳大湾区服务业发展指数指标体系的构建应遵循科学性、综合性、可操作性以及层次性等原则。

（一）科学性原则

粤港澳大湾区服务业发展指数指标体系应充分反映服务业发展的内涵，准确地理解和把握服务业发展本质。指标的选择要以经济理论、产业经济发展尤其是服务业发展的有关规律为基础，指标权重的确定、计算与合成以定量分析方法为依据。通过对服务业发展相关指标进行科学筛选，确定最能反映服务业发展状况的核心指标，并将核心指标通过一定的科学方法进行合成，合成后的综合性指标，应能够客观、准确地反映大湾区及各城市的服务业发展状况。

（二）综合性原则

服务业所包含的细分行业多且门类庞杂，各个行业之间的特性差异非常大，影响因素众多。粤港澳大湾区服务业发展指数指标体系所选的构成指标应具有代表性，能在尽量大的程度上反映粤港澳大湾区服务业发展的具体内涵。同时，指标体系的形成过程要遵循综合性原则，通过全面考察各核心和细分指标的数据特性，采用数据分析和统计方法，形成综合性指标，力求能够综合反映服务业的发展情况。

（三）可操作性原则

构建粤港澳大湾区服务业发展指数指标体系的目的在于指导粤港澳大湾区服务业的发展实践。因此，构建过程要充分考虑指标的可操作性及指标的可量化性。由于粤港澳大湾区统计口径的差异较大，本指标体系还需要兼顾数据的时效性、可获得性及可靠性。

（四）层次性原则

粤港澳大湾区服务业发展指数评价指标体系不仅应综合反映服务业发展状况，各细分指标也应该具有一定的层次性和结构性。每个层次分为不同意义的细分指标，并在整体上相互关联，层级与层级之间具有一定的递进关系，不同层级的指标有机统一，从而形成一个相互关联的整体。同时，指标体系要能够对服务业发展的具体情况进行横向和纵向比较。从横向方面看，指标体系应能够对粤港澳不同地区服务业发展情况进行比较，以深刻揭示不同地区服务业发展的优势和劣势；从纵向方面看，指标体系应能够对粤港澳大湾区整体及同一城市不同时期的服务业发展情况进行比较，从而反映出各城市服务业发展的动态变化。

三 粤港澳大湾区服务业发展指数评价指标及数据来源

（一）粤港澳大湾区服务业发展综合指数

对于粤港澳大湾区的空间布局部分，《粤港澳大湾区发展规划纲要》提出要坚持极点带动、轴带支撑、辐射周边，推动大中小城市合理分工、功能互补，进一步提高区域发展协调性，促进城乡融合发展，构建结构科学、集约高效的大湾区发展格局，并提出要完善城市群和城镇发展体系，优化提升中心城市[①]。具体而言，粤港澳大湾区应以香港、澳门、广州、深圳四大中心城市作为区域发展的核心引擎，继续发挥比较优势，做优做强，增强对周边区域发展的辐射带动作用。《粤港澳大湾区发展规划纲要》中对香港、澳门、广州和深圳四大中心城市的产业发展提出了明确的定位，其中，香港应巩固和提升国际金融中心、航运中心、贸易中心和国际航空枢纽地位；澳门应建设世界旅游休闲中心；广州应全面增强国际商贸中心、综合交通枢纽功能，培育提升科技教育文化中心功能；深圳应努力成为具有世界影响力的创新创意之都。

《粤港澳大湾区发展规划纲要》对区域内产业发展的引导可以从两个方面进行解读。一方面，强调中心发展即极点带动作用，促进香港、澳门、广州、深圳四大中心城市的产业发展，并推动中心城市的产业分工与合作，实现功能互补、错位发展，由此带动整个粤港澳大湾区经济腾飞；另一方面，实现区域协调和融合发展，推动资金、人才等资源在香港、澳门以及珠三角城市间的自由流动。

[①] 中共中央、国务院：《粤港澳大湾区发展规划纲要》，http://www.gov.cn/zhengce/2019-02/18/content_5366593.htm#1，2018-02-18。

第七章　粤港澳大湾区服务业发展指数研究

随着粤港澳大湾区经济水平的不断提升，大湾区尤其是中心城市的经济结构中服务业占比最高，产业经济的发展重心在服务业上。对此，本研究基于区域产业经济发展的基本规律，并根据《粤港澳大湾区发展规划纲要》的政策导向，遵循前面的构建原则，构建粤港澳大湾区服务业发展综合指数指标体系，以科学、全面、系统地评价粤港澳大湾区服务业的发展状况。

本研究所构建的粤港澳大湾区服务业发展综合指数的一级指标主要分为两个，即服务业发展水平指标和服务业协调程度指标。

粤港澳大湾区服务业发展水平一级指标主要由服务业增加值、服务业从业人员数、服务业增加值占比、服务业从业人员数占比以及服务业劳动生产率等细分指标构成。

粤港澳大湾区服务业协调程度一级指标则可进一步细分为粤港澳大湾区服务业中心发展指标以及服务业区域融合指标两大二级指标（见图1）。

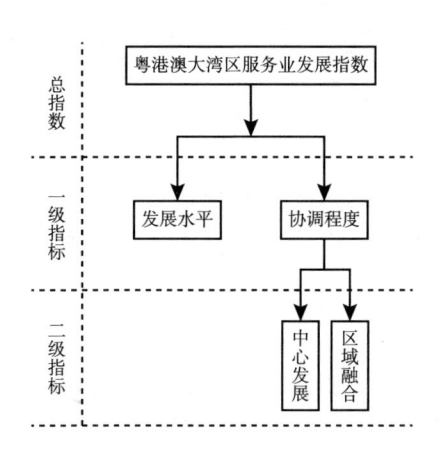

图 1　粤港澳大湾区服务业发展综合指数指标体系

中心发展二级指标对照《粤港澳大湾区发展规划纲要》对四大中心城市的定位构建细分指标，反映四大中心城市相对应定位的服务业的发展情况。如香港的指标主要从国际金融（具体指标包括金融业增加值、金融业就业人数）、航运（具体指标包括运输、仓储、邮政及速递服务增加值以及货柜总吞吐量)、贸易中心(具体指标包括进出口贸易、批发及零售增加值、贸易及物流就业人数、进出口总额)、国际航空(具体指标包括航空运输及航空运输辅助服务活动增加值)四个方面展开；澳门则从世界休闲旅游(具体指标包括澳门入境旅客人数、澳门旅行社服务增加值总额、澳门旅客总消费)方面展开；广州从国际商贸(具体指标包括进出口总值)、综合交通枢纽(具体指标包括旅客周转量和货物周转量)、科技教育文化(具体指标包括广州普通高等学校在校学生数、科研从业人员数、科研经费支出)三个方面展开；深圳则从创新创意角度(具体指标包括高新技术产品进出口总额、PCT国际专利申请量、专利授权量)展开。见表1。

服务业区域融合二级指标表征的是粤港澳大湾区城市之间的融合发展程度，尤其是广东和香港的融合发展情况。因此，本研究的区域融合二级指标主要包括内地对香港直接投资额以及香港对内地直接投资额、内地驻港地区总部数目和在广东省的港澳台商投资企业数。

具体的指标设置情况见表1。

综上，本文的一级指标分为粤港澳大湾区服务业发展水平和协调程度两个。每个一级指标包含现行统计制度下存在且能够反映该领域主要特征的若干个二级指标及总计29个细分指标，共同构成了粤港澳大湾区服务业发展指数指标体系。

表1 粤港澳大湾区服务业发展指数指标体系

一级指标	二级指标	细分指标
发展水平		服务业增加值
		服务业从业人员数
		服务业增加值占比
		服务业从业人员数占比
		服务业劳动生产率

续表

一级指标	二级指标	细分指标
协调程度	中心发展	香港金融业增加值
		香港金融业就业人数
		香港运输、仓储、邮政及速递服务增加值
		香港货柜总吞吐量
		香港进出口贸易、批发及零售增加值
		香港贸易及物流就业人数
		香港进出口总额
		香港航空运输及航空运输辅助服务活动增加值
		澳门入境旅客人数
		澳门旅行社服务增加值总额
		澳门旅客总消费
		广州进出口总值
		广州旅客周转量
		广州货物周转量
		广州普通高等学校在校学生数
		广州科研从业人员数
		广州科研经费支出
		深圳高新技术产品进出口总额
		深圳PCT国际专利申请量
		深圳专利授权量
	区域融合	内地对香港直接投资额
		香港对内地直接投资额
		内地驻港地区总部数目
		在粤港、澳、台商投资企业数

（二）粤港澳大湾区服务业发展城市指数

为便于横向比较粤港澳大湾区内部各城市的服务业发展情况，本研究计算粤港澳大湾区服务业发展指数及粤港澳大湾区服务业发展水平城市排名。

粤港澳大湾区服务业发展城市指数主要由服务业增加值、服务业从业人员数、服务业增加值占比、服务业从业人员数占比以及服务业劳动生产率5项细分指标构成。如表2所示。

表 2 粤港澳大湾区服务业发展城市指数指标体系

	细分指标
服务业发展城市指数	服务业增加值
	服务业从业人员数
	服务业增加值占比
	服务业从业人员数占比
	服务业劳动生产率

本文对 2010~2017 年粤港澳大湾区服务业发展情况进行研究所需的数据主要来自历年的《广东统计年鉴》以及香港和澳门的统计部门官方网站。需要指出的是，由于香港、澳门的货币与广东不同，本研究的服务业增加值数据采用将其转化成人民币后的数据。其中，香港和澳门的增加值是用环比物量法来测算的，以 2010 年为基期数据；珠三角的增加值数据为以 2010 年为基期的可比价数据。

四 粤港澳大湾区服务业发展指数计算方法

（一）计算方法

本研究采用综合指数法对粤港澳大湾区服务业发展指数进行编制测算。第一，进行数据收集、审核和确认；第二，由于统计口径、统计方法、货币不同，本文将香港和澳门的服务业相关数据进行处理，采用以人民币计算的数值使其与国内统计口径和方法基本一致；第三，对所得到的大湾区服务业发展指数指标值进行标准分处理，计算各服务业发展细分指标的标准分结果；第四，根据细分指标指数，通过指数加权计算粤港澳大湾区及城市服务业发展指数。

本研究的粤港澳大湾区服务业发展指数为大湾区的时域纵向指数，不涉及与其他省份的横向比较，且所有细分指标均已处理为正向型指标。因此，粤港澳大湾区服务业发展指数所采用的标准分可用不同期与基期指标的比值计算。计算公式如下：

$$Y_{it} = \frac{X_{it}}{X_{i0}} \times 100$$

其中，Y_{it} 为第 i 个指标在第 t 期的标准分指数，X_{it} 为第 i 个指标在第 t 期的统计指标值，X_{i0} 为第 i 个指标在第 0 期（即基期）的统计指标值，此处所选择的基期为 2010 年。

粤港澳大湾区服务业城市发展指数涉及大湾区各城市服务业的纵横向比较，不仅需要考虑各城市在不同时域的变动情况，也要考虑城市之间的服务业发展水平。因此，粤港澳大湾区服务业城市发展指数所采用的标准分可用不同期与基期最大指标的比值计算。计算公式为：

$$Z_{ijt} = \frac{X_{ijt}}{X_{i\max 0}} \times 100$$

其中，Z_{ijt} 为 j 城市第 i 个指标在第 t 期的标准分指数，X_{ijt} 为 j 城市第 i 个指标在第 t 期的统计指标值，$X_{i\max 0}$ 为第 i 个指标在第 0 期（即基期）粤港澳大湾区最大统计指标值，此处所选择的基期也为 2010 年。

（二）权重赋予说明

综合指数法的最终结果是以各标准分指数值乘以各指标权重后得出，权重的选择对指数结果可能带来较大影响。一般而言，权重的赋予方法主要有两种，一种是主观权重法，即根据研究情况，采用专家咨询法（Delphi 法）或主观给各指标赋予一定的权重；另一种方法是客观权重法，可根据主成分分析法或平均权重法等数学或统计学方法对各指标赋予相应的权重。本研究采用平均权重法赋予权重。

具体而言，在编制粤港澳大湾区服务业发展指数时，一级指标的发展水平和协调程度指标分别被赋予权重0.5和0.5，即粤港澳大湾区服务业发展指数的计算公式为：

$$粤港澳大湾区服务业发展综合指数 = 0.5 \times 发展水平 + 0.5 \times 协调程度$$

服务业发展水平指标对应的5个细分指标，即服务业增加值、服务业从业人员数、服务业增加值占比、服务业从业人员数占比以及服务业劳动生产率指标的权重按照平均权重法均设为0.1。

粤港澳大湾区服务业发展协调程度指标中的中心发展和区域融合的指标权重也按平均权重法设置。中心发展指标下每个城市的权重根据当年该城市GDP在整个大湾区GDP中的占比确定，每个中心城市下不同分项的指标则根据《粤港澳大湾区发展规划纲要》中的定位按平均权重法确定权重，最后加总后得到整体的中心发展指标数据。

区域融合的指标是根据投资额与投资企业数而确定指标权重。

同理，粤港澳大湾区服务业发展城市指数所对应的5个细分指标，其权重按照平均权重法均设为0.2。即粤港澳大湾区服务业发展城市指数的计算公式为：

$$粤港澳大湾区服务业发展城市指数 \\ = 0.2 \times 服务业增加值 + 0.2 \times 服务业从业人员数 \\ + 0.2 \times 服务业增加值占比 + 0.2 \times 服务业从业人员数占比 \\ + 0.2 \times 服务业劳动生产率$$

五 粤港澳大湾区服务业发展综合指数与解读

根据综合指数法所得到的2010~2017年粤港澳大湾区服务业发展综合指数结果如表3所示。

第七章 粤港澳大湾区服务业发展指数研究

表3 2010~2017年粤港澳大湾区服务业发展综合指数

年份	发展水平	协调程度	综合指数
2010	100	100	100
2011	103.1	110.4	106.8
2012	109.2	120.5	114.8
2013	113.2	122.5	117.9
2014	117.7	133.7	125.7
2015	121.3	142.3	131.8
2016	127.2	157.8	142.5
2017	131.6	176.2	153.9

根据2010~2017年粤港澳大湾区服务业发展综合指数结果得到的示意图如图2所示。

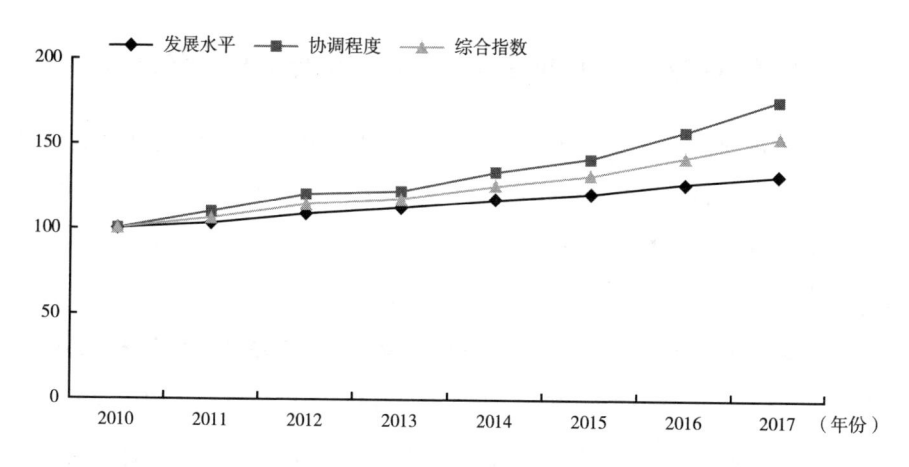

图2 2010~2017年粤港澳大湾区服务业发展综合指数示意

（一）服务业发展水平不断上升，区域协调程度不断增强

2010年，粤港澳大湾区服务业增加值为34012.92亿元，到2017年增加到65667.00亿元，按可比价增长76.8%。2010~2017年，粤港澳大湾区服务业就业人数从1674.1万人增长到2116.4万人，增长26.4%。由于增加值增长较快而就业人员数增长较慢，说明服务业劳动生产率也不断提

升，从20.32万元/人上升到28.41万元/人，增长39.8%。尽管2010~2017年粤港澳大湾区服务业增加值比重仅从62.1%微幅上升至63.2%，但在其他指数的带动下，粤港澳大湾区服务业发展水平指数从100持续上升到131.6。

2010~2017年，粤港澳大湾区服务业中心指数从100快速上升到224.7，这表明粤港澳大湾区的香港、澳门、广州和深圳服务业极点化发展水平不断提升。在中心指数的带动下，粤港澳大湾区的服务业协调指数持续上升，从2010年的100上升到2017年的176.2。

由于2010~2017年粤港澳大湾区服务业发展水平不断上升，服务业协调程度不断增强，带来服务业发展综合指数的不断提高，到2017年，粤港澳服务业发展综合指数达153.9，比2010年增长53.9%。

（二）香港国际金融地位稳步上升，航运与贸易仍有隐患

在《粤港澳大湾区发展规划纲要》中，香港作为粤港澳大湾区建设的中心城市，应巩固和提升国际金融、航运、贸易中心和国际航空枢纽地位。2010~2017年，香港的中心发展指数上升到122.1，增长22.1%，这表明香港作为中心城市，其在粤港澳大湾区的中心地位正不断提升。

以金融业的发展来看，按2017年环比物量计算的2010年香港金融业增加值为3387.11亿港元，到2017年增长到4821.91亿港元，增长42.4%，金融业就业人数也从21.7万人增长到25.9万人，增长19.3%，这表明香港的金融业发展较快，其国际金融地位正稳步上升。同样的，香港的航空运输及航空运输辅助服务活动增加值也从455.1亿港元上升到613.8亿港元，上升34.9%，表明香港国际航运的地位也在不断提升。

衡量香港航运中心地位的运输、仓储、邮政及速递服务增加值从2010年的1185.8亿港元上升到2017年的1533.6亿港元。但香港的货柜总吞吐量有所下降，从2010年的2370万标准货柜单位下降到2017年的2077万标准货柜单位，下降了12.4%。而且，2010~2017年，除2011年达到2438万标准货柜

单位的顶峰值外，其余年份货柜总吞吐量均低于2010年的水平，最低的2016年仅为1981万标准货柜单位，这表明香港航运中心的地位面临挑战。

2010~2017年，香港进出口贸易、批发及零售增加值以及进出口总额分别增长20.4%和28.7%，但其贸易及物流就业的人数正不断下降，从2010年的77.8万人持续下降到2017年72.8万人，降幅达6.4%。这表明香港的贸易中心地位也面临挑战。

（三）澳门国际旅游地位持续上升

2010~2017年，澳门的中心发展指数上升到164.0，在粤港澳大湾区的中心地位正在上升。衡量澳门旅游业发展的澳门入境旅客人数、澳门旅行社服务增加值总额、澳门旅客总消费指标在2010~2017年均呈现不断上升的趋势，其中澳门入境旅客人数从2497万人上升到3261万人，增长30.6%；澳门旅行社服务增加值总额则从5.6亿澳门元上升到11.2亿澳门元，增长100%；澳门旅客总消费额则从378.9亿澳门元上升到613.24亿澳门元，上升61.8%。这表明澳门的旅游业发展态势良好，以博彩业为核心的世界休闲旅游服务正吸引越来越多的游客。

（四）广州和深圳的中心地位正不断提升

2010~2017年，广州中心指数上升到294.4，这表明广州市作为粤港澳大湾区的中心城市，其国际商贸、综合交通枢纽和科技教育文化中心的地位正不断提高。

其中，广州进出口总值从2010年的1038亿美元上升到2017年的1433亿美元，增长38%，这反映了广州国际贸易地位的提高；反映广州综合交通枢纽的旅客周转量和货物周转量也呈现较大程度上升；2010~2017年，广州普通高等学校在校学生数从84.4万人上升到106.7万人，增长26.4%；科研从业人员数从13465人上升到18247人，增长35.5%，科研经费支出则从28.8亿元上升到131.0亿元，增长354.9%，这表明广州市的科技教育和文化中心地位的不断提升。

2010～2017年，深圳市高新技术产品进出口总额从1977亿元上升到2276亿元，增长15.1%；PCT国际专利申请量从5584项上升到20457项，增长266.4%；专利授权量从34951项上升到94250项，增长169.7%。这表明深圳市作为粤港澳大湾区创新和创意中心的地位正不断提高。

（五）粤港澳大湾区一体化融合程度不断提升

粤港澳大湾区的融合以珠三角城市和香港的融合为重中之重。2010～2017年，粤港澳一体化融合的指数由27.8持续增长到127.8，这表明粤港澳大湾区服务业一体化的融合程度正不断提升。

从具体的指标来看，2010～2017年，香港接受内地直接投资额和对内地的直接投资额均有一定程度上升，其中香港对内地市场直接投资资金从3015亿港元上升到5420亿港元，增长79.8%；香港接受内地的投资资金也从3127亿港元上升到3872亿港元，上升23.8%。此外，广东省的港澳台商投资企业数也从2010年的34441个上升到41732个，增长21.2%。这些指标均反映了粤港澳一体化融合的程度在不断加深。

六 粤港澳大湾区服务业发展城市指数与解读

2010～2017年粤港澳大湾区服务业发展城市指数如表4所示。

表4 2010～2017年粤港澳大湾区服务业发展城市指数

城市\年份	2010	2011	2012	2013	2014	2015	2016	2017
广州	62.1	64.8	68.9	73.3	76.5	80.1	85.4	89.5
深圳	55.4	57.4	62.7	67.1	70.3	73.6	78.7	81.5
珠海	28.1	28.8	30.3	30.6	31.9	33.0	34.7	36.0
佛山	32.1	33.0	33.9	35.2	35.6	37.4	39.1	41.0
惠州	22.8	23.9	25.4	26.5	27.5	28.6	29.7	31.5

续表

城市＼年份	2010	2011	2012	2013	2014	2015	2016	2017
东莞	32.4	33.3	35.2	36.3	39.8	41.1	42.1	42.6
中山	24.2	25.5	27.5	28.3	29.0	30.4	31.9	33.7
江门	22.1	22.6	24.5	25.3	26.0	26.9	28.0	28.5
肇庆	20.7	20.9	21.5	21.2	22.0	22.5	23.7	26.9
香港	96.3	98.3	98.8	99.9	100.9	101.6	102.5	104.1
澳门	61.2	64.4	65.8	68.2	66.0	61.1	62.4	65.2

2010 年和 2017 年粤港澳大湾区各城市的排名变动情况如表 5 所示。

表 5　2010 年和 2017 年粤港澳大湾区服务业发展城市指数排名对比

年份	2010 年排名	2017 年排名	排名变动	指数变动率(%)
广州	2	2	—	144.1
深圳	4	3	↑1	147.1
珠海	7	7	—	128.3
佛山	6	6	—	127.7
惠州	9	9	—	138.2
东莞	5	5	—	131.4
中山	8	8	—	139.5
江门	10	10	—	129.2
肇庆	11	11	—	129.8
香港	1	1	—	108.1
澳门	3	4	↓1	106.6

（一）香港指数遥遥领先，广深发展迎头赶上

2010～2017 年粤港澳大湾区服务业发展城市指数整体上均呈现不断上升的趋势，如图 3 所示。

根据前面的粤港澳大湾区服务业发展城市指数及其排名变动情况表可以看到，2010 年香港的发展指数达 96.3 分，位居粤港澳大湾区 11 个城市中的第一位，远远高于第二名广州的 62.1 分；到 2017 年，香港仍然牢

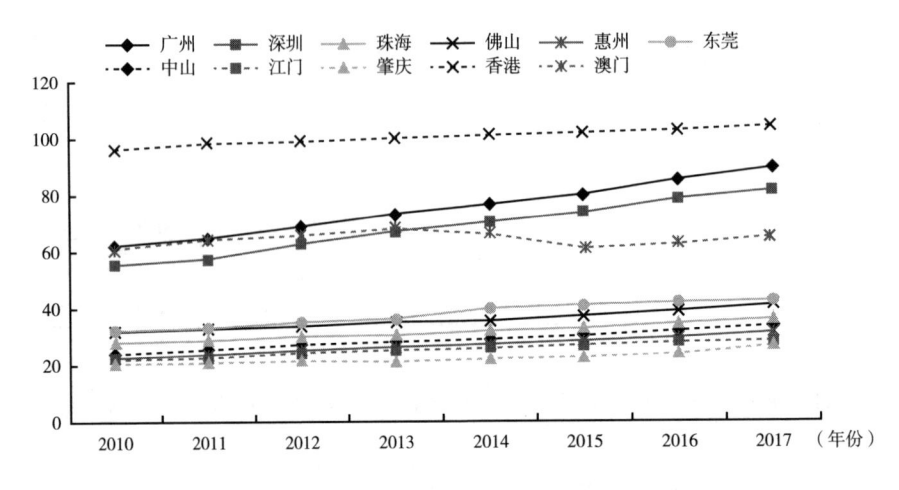

图3 2010～2017年粤港澳大湾区各城市服务业发展趋势

牢占据第一的位置,其发展指数得分达到104.1分,仍远高于广州的89.5分。可以说,香港的服务业发展在粤港澳大湾区中处于遥遥领先的地位。

2010年,广州和深圳分别以62.1分和55.4分位居粤港澳大湾区服务业发展指数的第二位和第四位,比位居第一名的香港分别低34.2分和40.9分;到2017年,深圳的排名上升到第三位,而广州和深圳的得分分别比位居第一名的香港低14.6分和22.6分;对比2010年,广州和深圳的服务业发展指数分别增长44.1%和47.1%,远高于香港和澳门地区的8.1%和6.6%。因此,可以看到,虽然广州和深圳的服务业发展指数仍然落后于香港,但其发展速度较快,整体上已呈现迎头赶上的趋势。

(二)珠三角城市服务业增加值不断提升,港澳增速较慢

对比2010年和2017年粤港澳大湾区城市服务业增加值的变动情况可以看到,与香港和澳门相比,由于发展程度相对较低,珠三角城市服务业增加值的增速相对较快(见表6)。2010年,香港和澳门的服务业增加值分别为14039.1亿元和1156.2亿元,到2017年,两地服务业增加值均有

上升，分别达 17053.1 亿元和 1619.7 亿元，分别增长 21.5% 和 40.1%。而珠三角地区 9 个城市中增长速度最慢的佛山市，从 2010 年的 2006 亿元增长到 3627.8 亿元，增长了 80.8%，远高于香港和澳门的增速；珠三角城市中增长最快的惠州市，则从 614 亿元增长到 1614.9 亿元，增长了 163%。

表 6　2010 年和 2017 年粤港澳大湾区服务业增加值对比

单位：亿元

城市	2010 年服务业增加值	2017 年服务业增加值	2017 年服务业增加值增长百分比(%)
广州	6599.1	14768.8	123.8
深圳	5257.4	12747.5	142.5
珠海	516.8	1226.7	137.4
佛山	2006.0	3627.8	80.8
惠州	614.0	1614.9	163.0
东莞	2074.4	3854.2	85.8
中山	727.8	1593.1	118.9
江门	581.5	1167.6	100.8
肇庆	440.7	845.1	91.8
香港	14039.1	17053.1	21.5
澳门	1156.2	1619.7	40.1

因此，整体上看，粤港澳大湾区城市服务业增加值均处于不断提升中，而珠三角城市的服务业增加值增速高于香港和澳门地区，这使得珠三角城市在服务业增加值上与港澳地区的差距不断缩小。事实上，2010 年，广州和深圳服务业增加值分别相当于香港的 47% 和 37.4%；而 2017 年，两地已分别达到香港同年服务业增加值的 86.6% 和 74.8% 了。

就服务业增加值比重来看，港澳两地在 2010 年分别已达 93.0% 和 92.6%，到 2017 年，其变化较少，分别为下降 0.54 个和增长 0.42 个百分点；而珠三角城市的服务业增加值比重则普遍提升较多，其中广州更是从 60.8% 上升到 71.0%，提升了 10.2 个百分点。

（三）珠三角城市服务业劳动生产率远低于港澳，但增速较快

2010年，香港和澳门的服务业劳动生产率分别达45.6万元/人和42.6万元/人。而珠三角城市服务业劳动生产率最高的广州，其服务业劳动生产率仅为17.4万元/人，相当于香港的38.2%；珠三角城市服务业劳动生产率最低的惠州市，劳动生产率仅为7.9万元/人（见表7），相当于香港的17.3%。

由于珠三角城市服务业增加值增速较快，而服务业劳动就业人数增速相对较慢，所以，珠三角城市服务业劳动生产率增速较高。

表7 2010年和2017年粤港澳大湾区各城市服务业劳动生产率对比

单位：万元/人

城市	2010年服务业劳动生产率	2017年服务业劳动生产率	服务业劳动生产率增幅（%）
广州	17.4	28.7	64.9
深圳	14.3	24.4	70.5
珠海	10.2	23.9	134.9
佛山	13.1	21.7	66.0
惠州	7.9	16.8	113.6
东莞	14.5	18.9	30.6
中山	12.8	24.9	93.9
江门	8.8	16.9	92.7
肇庆	9.9	14.7	48.2
香港	45.6	50.6	11.0
澳门	42.6	47.7	12.2

与2010年对比，2017年珠三角城市服务业劳动生产率增幅最大的为珠海，从10.2万元/人增长到23.9万元/人，增长134.9%；增幅最小的东莞，其服务业劳动生产率也从14.5万元/人增长到18.9万元/人，增长30.6%，远高于香港和澳门的增幅（分别为11%和12.2%）。

·第八章·
粤港澳大湾区竞争政策协调推动服务业合作与发展研究

李铁立　许陈生　郑京淑　甘潇利[*]

一个国家（区域）经济发展的过程即是资源在产业和空间不断优化配置的过程。回顾中国经济空间格局的历史演变可以发现，从农业社会的以黄河中下游为经济中心演变到近代工业化的以长江三角洲下游地区为经济中心，并且在工业化内生的规模经济和集聚经济作用下，这个格局逐渐固化为中国经济空间结构的特有现象。新中国成立后，东北、京津地区的工业发展，以及"大三线""小三线"建设虽然在一定程度上降低了长三角的经济集中度，但真正改变中国经济空间格局的是包括港澳在内的粤港澳地区经济的崛起，在空间上使得中国经济由"一驾马车"带动的格局改变为由长三角、珠三角和京津冀地区"三驾马车"共同带动，成为中国经济腾飞的核心动力。

---

[*] 作者简介：李铁立，教授，博士，广东外语外贸大学经济贸易学院，主要研究方向为区域经济发展；许陈生，教授，博士，广东外语外贸大学经济贸易学院，主要研究方向为国际贸易；郑京淑，教授，博士，广东外语外贸大学南国商学院，主要研究方向为东亚经济、跨国公司、区域经济；甘潇利，硕士，中国银行崇州支行综合柜员，主要研究方向为区域经济一体化。

粤港澳地区长期被视为区域经济发展和区域经济一体化的典范[①]，随着《粤港澳大湾区发展规划纲要》的出台，该地区更被视为中国跨过中等收入陷阱、实现"市场在资源配置中起决定作用"的制度创新的引领地区，要实现上述中央赋予的任务，资源在产业部门和空间上的自由流动是基础也是关键，它还关系到能否进一步推动大湾区市场一体化的深化发展的问题。

本研究主要关注服务业的跨境流动问题。随着《关于建立更紧密经贸关系的安排》（CEPA）及其补充协定的签订和实施，港澳与内地货物贸易的跨境流动已经实现了零关税，并且随着跨境基础设施的完善和旨在消除通关障碍的"大通关"战略的实施，加之港澳经济中制造业占比极低，从这个角度看，粤港澳的市场一体化问题本质上就是服务业的跨境流动问题。

众多对该地区一体化程度的研究存在着不同的结论。部分研究发现，伴随着粤港澳三地的经济发展，该区域的一体化水平也在不断提高，在经济增长和一体化水平提升间存在着显著的正相关关系。[②] 从三地跨境贸易的规模、贸易模式的转变角度看，三地间的贸易关系越来越紧密，尤其是2003年签署CEPA及补充协定后，这一紧密的关系得到了强化；也有研究从跨境人员流动、产业联系和空间分布趋势等角度对一体化程度进行了评价，发现该地区合作在不断地深化。[③] 但另一些研究发现，粤港澳间一体化发展水平并不是线性的，经过了初期的快速一体化水平提升后，近年来表现出明显的发展停滞趋势。[④] 我们认为，上述研究的分歧主要是由未将服务业和制造业区别考察而导致的。事实上，适用于制造业

[①] 世界银行：《变化中的东亚城市区域》，2018。
[②] 李郇、郑莎莉、梁育填：《贸易促进下的粤港澳大湾区一体化发展》，《热带地理》2017年第6期；李晓、王小彬：《粤港澳经济一体化：基于边界效应视角的分析》，《湖北社会科学》2017年第11期。
[③] 马向明、陈洋：《粤港澳大湾区：新阶段与新挑战》，《热带地理》2017年第6期。
[④] 张海梅、陈多多：《粤港澳大湾区背景下珠三角制造业与港澳服务业合作发展研究》，《岭南学刊》2018年第2期。

第八章　粤港澳大湾区竞争政策协调推动服务业合作与发展研究

跨境流动的制度安排[①]可能无法保障服务业享受同样的受益。这是因为，一方面，服务类产品的无形性特征使其生产和消费的过程同时进行，造成在服务交易过程中需求方既无法在交易之前对服务的质量进行检验，又很难在事后对其质量进行有效的评估，同时也增加了服务提供方对其服务产出进行保护的难度，因此服务交易的顺利实现有赖于外部公正、独立的契约保护和执行体系的建立。服务业是典型的"制度密集型"产业。[②] 我们可以从两个角度理解服务业的制度密集特征：其一，政府对服务业的监管强度明显大于制造业，并且由于服务业产品的非标准化，往往还专门设立行业的监管部门，比如金融、通信、交通等；其二，由于金融、通信、教育和新闻等服务业往往涉及国家的意识形态和安全，服务业的跨境流动往往受到政府的限制，政府通过对服务业的行政授权、垄断专营以及行业规制等排除外国服务业的进入。[③] 另一方面，具有固定成本远大于可变成本特征的服务业往往属自然垄断，其市场结构内生地具有寡头和垄断特征，在香港表现为大企业集团的垄断，在内地表现为国有企业的垄断，这些垄断势必形成了市场壁垒阻碍服务业在大湾区的自由流动。那么粤港澳大湾区服务业跨境流动的现状到底怎样？是什么阻碍了服务要素在大湾区空间范围内的优化配置？未来如何推动大湾区服务业的跨境流动？本文就上述问题进行回答。

研究显示，大湾区服务业跨境流动程度低于制造业，主要的原因是现有的以CEPA及其补充协定为框架的一系列制度安排，尚无"竞争政策协

[①] CEPA主要是针对货物贸易的，虽然补充协定有了《服务贸易协定》，但仅解决了市场准入问题，还无法真正解决服务贸易落地所面临的"隐形壁垒"，即来自政府和垄断企业的市场壁垒。这是本文的立论基础，后面将作细致地阐述。

[②] 邵骏：《服务业市场结构与制度环境对产业结构服务化的影响研究》，暨南大学博士学位论文，2014。

[③] 中国各级政府对服务行业的监管和限制主要手段包括通过法律授权进行垄断专营，这些部门或行业包括铁路交通、邮政、输电等服务业；政府通过法规明确支持的行业国有垄断包括：电信、电力、民航、金融等；政府还通过审核来限制准入，只有立项才能投资开工，包括教育、医院、文化等社会服务业。参见〔美〕威廉·科瓦西奇等《以竞争促增长：国际视角》，中信出版社，2017。

定",还没有建立跨境竞争政策协调机制,缺少对来自企业限制竞争行为的规制,以及还没有对政府干预市场机制的行为进行约束。进一步分析表明,现有的制度安排在粤港澳合作的以制造业跨境流动为主的"自由贸易区"阶段是可以满足实际需要的,但粤港澳大湾区城市群建设已经到了以服务业跨境流动为主的"共同市场"这一更高层次的一体化阶段,现有的制度安排已经不适应大湾区世界级城市群建设的制度供给。由此,本文建议尽快建立粤港澳大湾区竞争政策协调机制,在现有的CEPA框架下,签署《粤港澳大湾区竞争政策协定》。

一 竞争政策与服务业跨境流动

竞争政策是政府为维护市场竞争性而制定的一系列法律法规和政策措施的规制总和。一般而言,竞争政策是与产业政策相对的,政府的产业政策是为保护特定的"竞争者",其实质是在破坏市场的竞争性;竞争政策是为保护市场的"竞争",使企业能够无限制地进入市场。这需要给市场竞争行为制定清晰有力且易懂的行为规则,并具有强大的制度框架提供支持,使这些规则能够系统、一致和有效地在整个经济中得到贯彻执行[1]。由此,可以将竞争政策理解为国家(地区)为保护市场竞争所制定的规范企业、政府在市场中行使权力的行为规范,包括直接或间接与竞争相关的立法、部门规章及规范性文件。

经济学理论在几乎所有的领域都存在争论,但在"竞争性市场是保证资源要素最优配置的前提"这一点上得到了广泛的认同。因此,作为"守夜人"的政府有义务维护市场的竞争性。但企业不这样认为,因为在充满竞争的市场下,企业的利润是微薄的。由此,在位企业势必通过各种方式阻碍后进企业的进入,以维护其垄断地位。众多的研究发现,正是垄断和寡头

---

[1] 〔美〕威廉·科瓦西奇等:《以竞争促增长:国际视角》,中信出版社,2017。

第八章 粤港澳大湾区竞争政策协调推动服务业合作与发展研究

等不完全竞争市场的存在限制了服务业商品和要素的空间自由流动,竞争政策的目的就是保护市场的竞争性,由此推动区域经济一体化的深化,这一点在服务贸易领域表现得尤为明显。① 比如欧盟委员会在 2004 年专门出台了旨在消除来自各成员国竞争政策差异带来的服务行业规制、监管标准以及服务业市场上由于垄断导致的服务市场分割问题的政策。② Henk Kox 等的研究发现,欧盟各成员国对服务行业规制和监管的差异使得服务业公司跨国经营时面临着不同的标准和规则,服务企业要专门设计产品应对规制的差异,由此提高了跨国经营的固定成本。因此,规制和监管的差异构成了实质性的、隐蔽的贸易壁垒,阻碍了欧盟内部服务业的跨境流动。他的实证研究发现,如果欧盟成员国通过竞争政策的协调,消除来自政府规制、监管以及垄断寡头服务企业形成的市场壁垒,采用相同的服务业规制和监管标准,将使欧盟内部服务贸易提高 30%~62%,服务业直接投资将增加 18%~36%。③ 正是因为缺乏竞争政策的协定,WTO 服务贸易协定实施的效果并不理想,这就是近年来 WTO 积极主张和推动竞争政策协定谈判的原因。④

---

① 比如 Joseph A. Clougherty(2001)对航空业的研究发现,竞争政策差异导致行业监管标准的不同形成了进入壁垒,是各国保护本国航空市场和企业的主要手段,Globalization and the Autonomy of Domestic Competition Policy: An Empirical Test on the World Airline Industry, Journal of International Business Studies, 32, 3; Andrew Scott(2005)发现,即使在 WTO 自由贸易框架下,如果没有竞争政策协调的保证,各国政府造成的行政垄断以及来自垄断企业形成的不完全竞争的市场结构仍然阻碍了全球贸易发展,这在服务业表现得更加明显。参见"Cain and Abel? Trade and Competition Laws in the Global Economy", *The Modern Law Review*, Vol. 68, No. 1, 2005。
② EU, "Proposal for a Directive of the European Parliament and of the Council on Services in the Internal Market", 2004.
③ Henk Kox, Arjan Lejour, "The Effects of the Services Directive on Intra-EU Trade and FDI", *Revue Economique*, 2006 (6).
④ 从全球自由贸易区发展趋势看,竞争政策已经成为自贸协定中不可或缺的一部分。截至 2018 年底,向世界贸易组织(WTO)通报的自由贸易协定中,含有竞争政策议题的已经多达近 280 个,并且不再是以其他议题的附属议题出现,而是成为自由贸易协定独立的规制性专门议题。近期美国更是在其主导的自贸协定中通过使用竞争政策对中国进行贸易孤立,其对 WTO 的不满和当前中美贸易摩擦也多涉及竞争政策方面。事实上,随着我国改革开放的不断深化,将竞争政策协调纳入"自由贸易区谈判"也是中国推动 WTO 改革的重要主张。

目前，内地、港澳服务贸易合作是在 CEPA 框架下实施。2003 年和 2005 年，中央人民政府分别与香港和澳门特区政府签署了 CEPA，主要内容包括货物贸易、服务贸易自由化以及贸易投资便利化。作为开放性贸易协定，随着内地与港澳经贸合作的深化和发展，CEPA 内容不断充实，开放范围也不断扩大，程度不断加深。继 CEPA 主体协定后，之后每年内地与港澳都会签订一份补充协议，进一步提高两地的经贸交流与合作水平。2013 年，签订了"补充协定十"。2014 年 12 月，商务部代表中央政府与港澳特区政府分别签订 CEPA 关于内地在广东与香港（澳门）基本实现服务贸易自由化协议》（以下简称《广东协议》），实行"准入前国民待遇加负面清单"的开放模式，之后将《广东协议》的先试先行措施扩大到整个内地。2016 年，签订《CEPA 服务贸易协议》。2017 年，分别签署了《CEPA 的投资协议》和《经济技术合作协议》，主要目的是"逐步减少或取消双方之间投资实质上所有歧视性措施，保护投资者权益，推动双方逐步实现投资自由化、便利化"。其中 2014 年协议的"负面清单模式"，被看成内地与港澳服务贸易合作向深度发展的重要措施。按照广东省商务厅的统计[1]，在 WTO 服务贸易分类的 160 个分部门中，截至 2017 年，广东向港澳开放的服务贸易领域已经达到 95.6%，可以说基本解决了港澳服务企业的市场准入问题。但是，近年来围绕着粤港澳大湾区要素流动的调查报告得出了并不乐观的结论。比如，珠三角与港澳分属三个相互独立的关税区，三地在营商环境和政治法律体制，以及涉及竞争政策的行业监管、行业标准、职业资格、市场结构和社会管理等方面存在很大差异，阻碍了服务要素自由流动。因此，CEPA 的实质性开放水平仍然偏低，开放深度有限，CEPA 实施以来对双边服务贸易的促进效应不如预期，港澳现代服务业进入珠三角市场偏少。[2] 虽然表面上对港澳服务业开放部门的比例达到 95%，但真正无限制开放的比

---

[1] 广东省商务厅：《广东商务白皮书》，2018。
[2] 近期围绕粤港澳大湾区体制机制改革和规则对接工作，广东省发改委、广东省港澳办公室、广东省人社厅等做了相关的调研工作。

第八章　粤港澳大湾区竞争政策协调推动服务业合作与发展研究

例仅为18%，实际上，对香港服务提供者签发证书的企业至今只有3123家，澳门更是寥寥可数，业界收益有限[①]。2012年，由香港智经研究中心对香港熟悉内地的服务从业者的调查显示，这些企业在内地经营的主要障碍来自政府对服务的管制、服务市场的垄断和寡头市场结构等[②]。表1为截至2018年末，香港服务业企业在广东设立分支机构的行业和企业数量。

表1　2018年香港服务业企业在广东设立分支机构的行业和企业数量

单位：家

行业		企业数量
金融	银行	38
	保险	6
专业服务	法律	13
	会计	23
房地产服务	开发商	23
	中介代理	13
	物业顾问/管理	17
	建筑装饰设计	41
	建筑工程/材料	7
企业服务	创意设计/广告公关/品牌管理	41
	贸易	60
	企业咨询/管理	72
	人力资源	3
	资产评估	11
	咨询科技/软件设计	64
	商务服务/展览服务	31
	印刷	28

---

① 广东省港澳办：《关于粤港澳大湾区要素流动调研材料》，2017。
② 香港智经研究中心：《促进香港服务业在珠三角的发展》，2012。

续表

行业		企业数量
生活服务	酒店/酒店管理	31
	餐饮/食品	68
	教育/培训/留学/移民	31
	零售/电商	85
	旅游/航空	22
	美容美发/医疗保健	39
	休闲娱乐	15
	其他	2
生产性服务	检验检测	15
	环保	13
	仓储/物流/运输	65
	代加工	45
	其他	99
综合服务	政府及公共机构	22
合计		1043

我们认为，CEPA及其补充协议政策对服务业跨境流动的效果低于预期，主要的原因是还缺乏对来自政府的反竞争行为、服务垄断企业的反竞争行为的规制和协调。正是由于内地与港澳涉及市场监管规制的竞争政策差异较大，所以这已经成为阻碍大湾区市场一体化深化发展、建设法制化优质营商环境的重要制约因素。

比如，CEPA及补充协议以及后续签署的《广东协议》、《服务贸易协议》和《投资协议》均为WTO框架下的自由贸易协定，其标准规范均与WTO体系对接。应该说，CEPA框架下的所有协定符合内地与港澳以制造业跨境流动为主的"自由贸易区"一体化发展阶段的要求，但粤港澳大湾区已经超越了"自由贸易区"合作阶段，到了以服务业跨境流动为主的一体化程度更高的"共同市场"阶段，这个阶段的特征要求是在"自由贸易协定"上不能仅涉及"边界上"的关税和非关税壁垒、通关便利化等内容。虽然《服务贸易协议》《投资协议》已经在一定程度上超越了WTO框架，

第八章　粤港澳大湾区竞争政策协调推动服务业合作与发展研究

已经涉及市场准入、金融服务等领域，但还没有涉及市场一体化的竞争政策和市场监管、技术质量标准以及对反竞争行为的约束等核心问题。从这一角度看，现有的 CEPA 等协议甚至落后于中国—韩国、中国—瑞士、中国—冰岛间的自贸协定。[①]

另外，现有的 CEPA 及其补充协议还没有触及同样妨碍市场一体化发展的来自企业的垄断协议、滥用市场支配地位和排斥竞争等违反市场竞争行为以及阻碍商品和要素跨境流动的其他行为。由上文分析可知，CEPA 及其补充协议只解决了港澳服务业"市场准入"的问题，无法解决"准入后"的落地问题，因为"落地"涉及市场监管等规则、制度的对接，这是造成目前内地市场对港澳服务业"大门开、小门关"现象的主要原因。

竞争政策之所以成为当今自由贸易区协定的重要组成部分，就是因为竞争政策的协调不但可以限制妨碍市场一体化的各类违反市场竞争的行为，还能够规制来自各参与方政府的阻碍商品和要素跨境流动的限制竞争行为。因此，竞争政策的制定实施能够保障 CEPA 协议充分落实。同时，大湾区不同的监管标准、不同的执法体系，极大地制约了大湾区优质营商环境的建设。营商环境的核心是完善的市场机制和法律法规，以及公平透明的执法和规范的政府及企业行为，而这正是竞争政策对市场监管规制的目的。

由此看来，不解决来自政府和垄断企业在服务业领域的一系列反竞争行为，服务业跨境流动就无法真正实现。本文后面将详细谈论粤、港、澳三地竞争政策差异对服务业一体化的阻碍作用。内地的各级政府对经济活动的干预范围广、程度深，所以内地两个最重要的竞争政策——2008 年颁布的《反垄断法》和 2016 年国务院下发的《关于在市场体系建设中建立公平竞争审查制度的意见》，均对政府行为做出了具体的规制。港澳长期奉行政府

[①] 我国近年来与其他国家签署自由贸易区协定中，中国—韩国、中国—瑞士、中国—冰岛等均已经设有"竞争政策"专章，其他的自贸协定中也多涉及竞争政策的条款。令人惊讶的是，一体化程度最深的 CEPA 却至今没有进行有关竞争政策的谈判。

不干预市场理念,政府部门的规章和规范性文件较少,香港的竞争政策主要是以2015年12月正式实施的《竞争条例》为核心,澳门还没有形成跨行业的统一的以《反垄断法》为核心的竞争政策,但澳门的《商法》中包含了限制企业妨碍竞争行为的若干条款。

二 粤港澳大湾区竞争政策的差异

(一) 竞争政策的目的原则不同

不论哪个国家和地区,其竞争政策都是为经济发展服务的,相关的法律规制出台也一定是为了解决经济发展中出现的阻碍市场竞争的问题。因此,处于不同的发展阶段,其阻碍竞争的主要问题必然不同,由此也会导致竞争政策的目的、原则存在差异。图1为大湾区各个城市经济发展指数的比较,经济发展指数不但包括经济总量,而且包括经济发展质量方面的指标,更能反映出大湾区经济发展的差异程度。

图1显示,大湾区经济发展存在较大差距,珠三角除了广州和深圳外,其他城市近年来发展指数并没有显著提高,发展指数最高的城市香港是最低城市肇庆的7倍,可见差距之大,这必然导致其竞争政策的目的和宗旨存在差异。

作为大型的转型经济体,内地的竞争政策除了与其他国家和地区的竞争政策一样也要禁止企业的反竞争行为,以提高经济效率、保护消费者权益外,更关键的是要解决市场与政府间的关系,保障社会主义市场经济在资源配置中的决定性作用。这是因为内地还普遍存在产业政策和竞争政策的权衡与协调的问题。因此,不论是《反垄断法》还是《公平竞争审查制度》都规制了政府的反竞争行为。2013年,党的十八届三中全会通过的《中共中央关于全面深化改革若干重大问题的决定》明确了"经济体制改革是全面深化改革的重点,核心问题是处理好政府与市场的关系,使市场在资源配置中起决定性

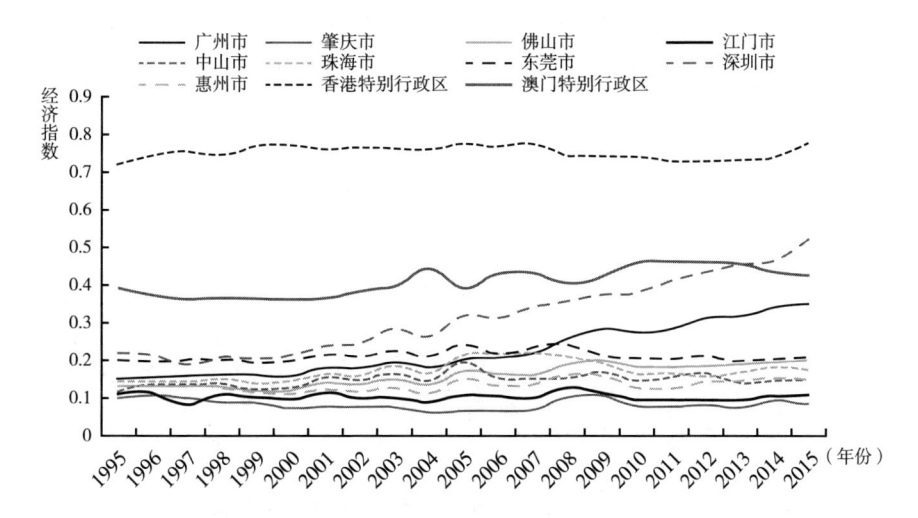

第八章 粤港澳大湾区竞争政策协调推动服务业合作与发展研究

图1 粤港澳大湾区各地域单元经济发展水平变化

资料来源：周春山等《粤港澳大湾区经济发展时空演变特征及其影响因素》，《热带地理》2017年第6期。

作用，同时更好地发挥政府作用。"可以毫不夸张地说，要实现经济发展方式转型，实现上述目标，首要的条件就是竞争政策要在各级各类政策中起到基础性作用，内地竞争政策规制的主体就是国有企业和各级政府。

在2015年《竞争条例》实施前，香港是少数发达经济体中长期没有跨行业竞争法的地区，仅在部分行业制定了含有竞争立法的条例。香港是否需要一部跨部门的竞争条例也一直存在较大的争议。香港为了保持自由市场的地位，奉行"让市场力量自由运行，并尽量少干预，是培植和维持竞争的最佳方法"。[①] 这种情况到20世纪80年代后，尤其进入2000年后，随着香港经济结构转变为以服务业为主（见图2），大企业垄断已经成为市场结构的突出特征，比如房地产业、垄断性公共服务业以及零售和物流业等都表现

---

① 香港特别行政区政府竞争政策咨询委员会：《竞争政策纲领》，1998。

出大企业的垄断结构，导致出现经济效率降低和消费者福利受损等问题。[①] 因此，香港《竞争条例》虽然与内地一样，主要目的是提高香港经济竞争力，促进自由贸易和保护消费者权益，但其不同之处在于，《竞争条例》主要解决来自企业的限制竞争行为。同时，竞争条例的实施中必然会体现出审慎执法的原则。

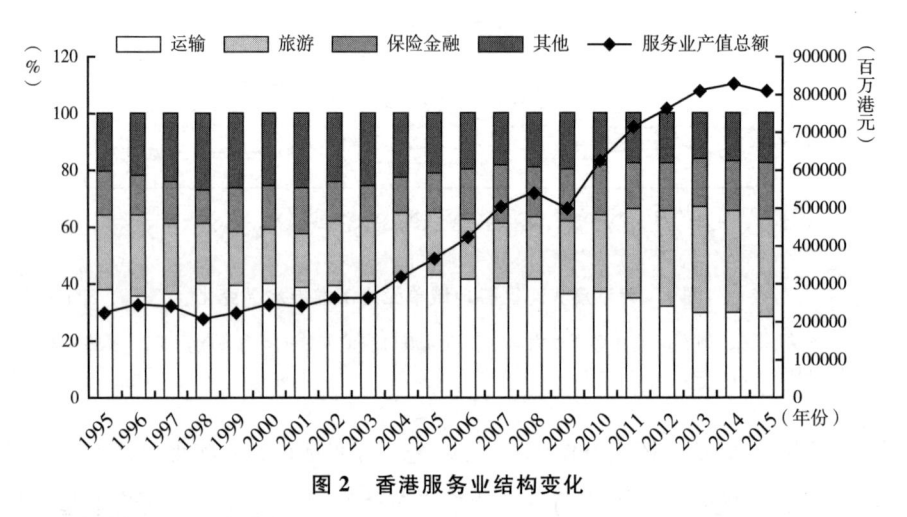

图 2　香港服务业结构变化

资料来源：香港统计处。

澳门经济具有典型的小型经济体特征[②]，长期对主要行业的政府管制，导致出现产业结构单一、高度依赖博彩业的问题。2000 年后，为推动澳门

---

① 经济在由制造业为主向服务业为主转型过程中，大多国家经历了产业集中度大幅上升的情况，形成了垄断和寡头的服务市场结构，对于港澳这样的小型经济体表现得就更加明显。主要的原因是，服务业巨大的固定资本投入以及网络外部性的存在，使得规模经济成为服务企业获利的关键。2014 年由《经济学人》发布的"全球裙带资本主义指数"排名，香港位列第一。Jackie Connor 专门研究了香港垄断市场结构问题，他发现，李氏（Li）、郭氏、李氏（Lee）和郑氏家族控制了香港从地产、公共事业、通信、银行、零售等几乎所有的服务业，通过复杂的交叉投资（持股）以及围标、交易达成默契等反竞争行为，对其他企业形成了进入壁垒。详见 Jackie Connor, Hongkong: Economic Freedom Belies Crony Capitalism, https://sevenpillarsinstitute.org。

② 一些研究发现，小型经济体往往具有由于经济规模过小导致的垄断和寡头市场结构，尤其是当经济发展以服务业为主时，垄断行为更加常见。这就会导致小型经济体的"竞争困局"：由于依赖于外部市场，往往实行自由港政策，这要求小型经济体放松管制；内生的垄断市场结构又要实施"反竞争"政策。小型经济体往往在这两者间权衡。

第八章　粤港澳大湾区竞争政策协调推动服务业合作与发展研究

经济多元化的发展，放宽政府对支柱行业的管制成为澳门经济政策的首要目标，竞争政策才在主要行业发挥作用。比如，2000年，澳门开始在博彩业出台了以《娱乐场幸运博彩经营法律制度》为标志的限制反竞争政策。竞争政策实施以来，只能说略有效果，主要表现为近年来澳门经济对博彩业的依赖程度下降，产业多元化有提升的势头，但仍然没有摆脱产业结构单一的问题（见表2）。使用熵指数描述澳门经济多元化变化趋势[①]，可以发现，澳门从实行博彩业开放后，2002~2013年，集中度持续增加；到2014年，则开始出现逆转趋势，2015年，由于博彩业收入大幅下降34.3%，导致熵指数上升，产业集中度下降，2016年，熵指数进一步上升了0.03个基点。

表2　按生产法计算的经济多元化熵指数

年份	2002	2007	2013	2014	2015	2016
熵指数	2.25	2.04	1.49	1.61	1.87	1.90

资料来源：澳门统计普查局。

（二）竞争政策的主要内容和标准的差异

总体来看，香港《竞争条例》在判断是否存在反竞争行为的标准上比内地更宽泛。比如，其第一行为守则规定"如某协议、经协调做法或业务实体组织的决定的目的或效果是妨碍、限制或扭曲其在香港的竞争，则任何业务实体不得订立或执行该协议、不得从事该一致行动、不得作为该组织的成员，作出或执行该决定"。这种宽泛的垄断协议的界定给了香港竞委会较大的调查权。香港竞委会不需要分析该协议在市场中的效果，只要是认定该协议具有损害竞争的目的就可认定为垄断协议，因此，其是"目的或效果"导向的。而内地的《反垄断法》具体列出了六种垄断协议的表现形式，只

[①] 熵指数作为度量经济多元化指数，熵指数越大，经济集中程度越低；熵指数越小，经济集中程度越高。

要是符合就可认定为垄断协议。

香港《竞争条例》的第二行为守则并没有采用支配地位的具体标准，即没有规定低于某一市场份额就不会被认定具有相当程度的市场权势，而是以相当程度的市场权势作为适用标准。也就是说，某业务实体无须垄断市场也能拥有相当程度的市场权势。在认定一个业务实体是否具有相当程度的市场权势时，香港竞委会会考虑该业务实体将价格维持在高于竞争水平时，其赢利能力受到制约的程度，具体的评估因素包括：该业务实体的市场份额、定价能力以及竞争对手进入市场的障碍等。内地的《反垄断法》采用"支配地位"标准，达到一定市场份额的经营者被推定具有市场支配地位：一个经营者在相关市场的市场份额达到1/2的，两个经营者在相关市场的市场份额合计达到2/3的，三个经营者在相关市场的市场份额合计达到3/4的，可以推定为具有市场支配地位，但其中有的经营者市场份额不足1/10的，不应被推定为具有市场支配地位。此外，被推定具有市场支配地位的经营者，有证据证明不具有市场支配地位的，不应当认定其具有市场支配地位。

按照内地《反垄断法》的经营者合并与香港合并守则，企业在内地和香港实施合并存在差异。内地的经营者合并采取强制性申报，即达到国务院规定的申报标准的，应当事先向国务院反垄断执法机构申报，未申报的不得实施合并。而香港反竞争条例规定，参与合并的业务实体不需要向竞委会进行事前申报，竞委会将通过监察媒体及第三方（如竞争对手）提供的资讯或投诉等方式获知合并活动，若认为相关合并可能削弱竞争，则可对该合并展开调查。尽管如此，合并各方也可尽早联络竞委会，并征询意见，但该意见不对竞委会构成约束力。

（三）执法透明度存在差异

内地与香港在竞争政策，尤其是反垄断执法实施机构上存在明显差别。中国内地产业政策一直占有重要地位，尤其是关系国家发展战略行业更是如此，由此形成了反垄断执法机构监管和行业监管并存的问题，造成了竞争政

第八章　粤港澳大湾区竞争政策协调推动服务业合作与发展研究

策多头监管、监管标准不一的问题。就香港而言，除第三条合并守则规定的通信行业由竞争事务委员会和通信事务管理局共同监管外，其他所有的行业竞争监管均属于竞争事务委员会职责范围。

　　竞争政策执法应该具有程序的中立性、参与性与公开性。由于港澳法制环境良好，在上述程序的正当性方面好于内地。从执法机构的设置来看，内地竞争政策执法在透明度和公正性方面还存在不足。一方面，由于执法程序缺乏角色和分立的设置，导致执法决定的做出往往缺乏中立性问题；另一方面，由于缺乏程序的参与性和公开性，公众无法参与程序表达意见而影响执法。另外，在具体执法实践中，由于国有企业处于特殊地位，仍存在"国企傲慢"的问题，类似联通、网通的未经过法定经营者集中申报和审查的中央企业合并案时有发生。①

　　内地反垄断执法机构和香港竞委会在调查业务实体是否存在反竞争行为时，均可以实施"黎明突袭"，即在不通知企业的情况下，进入企业的经营场所实施调查。但在香港，竞委会须向高等法院申请获得批准，得到授权后才能询问被调查的经营者，查阅和复制相关文件资料以及查封扣押相关证据等。内地的反垄断执法机构实施"黎明突袭"则只需获得本部门同意，而不需要人民法院授权。②

（四）反竞争的商业文化不同

　　竞争政策不仅是制度问题，也是一个文化问题。竞争政策固然需要相应的行政执法和司法保障，但是全社会竞争文化的发育程度也直接影响了竞争政策的实施效果。内地企业往往面临着政府政策多变的政策环境，而内地企业的发展又强烈地依赖于政府的政策，由此形成了在多变政策环境下企业的

---

① 王先林：《理想与现实中的中国反垄断法》，《交大法学》2013年第2期。
② 《竞争条例》虽然仅仅实施3年多的时间，但香港竞争事务委员会已经出台了多部"竞争政策指引"，细化、明确和解释了《竞争条例》是如何实施的。而内地的"指引"明显不足。

短期经营战略。短期经营战略与"百年老店"战略最大的差异就是"打擦边球",通过找政策漏洞获取利润,这导致内地企业在经营过程中,对违反竞争政策的违规行为缺乏自我约束。政府在"做大做强"政策的引导下,也缺乏维护竞争环境的自觉性和责任意识,政府的经济政策也更加重视产业政策,而非竞争政策,甚至各级政府竞相推出各种形式的反竞争政策。

港澳历来遵循"小政府、大市场",法治意识深入人心,虽存在垄断和围标等非竞争行为,但总体看,港澳的竞争文化好于珠三角地区,这将在竞争政策协调过程中表现得更加突出。表3为2018年全球竞争力发展报告对内地和香港各项竞争力指标的测算。可以发现,内地在"硬件"设施上排名和得分普遍较高,但在发展环境以及反映市场监管的两个指标:制度和商业活力上的得分较低,与香港存在明显差距。

表3 2018年内地与香港竞争力指数比较

地区	发展环境				人力资本	
	制度	基础设施	ICT	宏观经济	健康	技能
内地	65 (54.6)	29 (78.1)	26 (71.5)	39 (98.3)	44 (87)	63 (64.1)
香港	6 (76.9)	2 (94)	2 (87.9)	1 (100)	1 (100)	19 (77.4)

地区	市场				创新系统	
	产品市场	劳动力市场	金融体系	市场规模	商业活力	创新能力
内地	55 (57.4)	69 (59.3)	30 (71.9)	1 (100)	43 (64.6)	24 (64.4)
香港	2 (79)	11 (74.2)	2 (90.1)	26 (71.1)	17 (74.5)	26 (61.9)

注:括号上面的数字为该项的全球排名,括号里面的数字为该项得分。
资料来源:*The Global Competitiveness Report 2018*。

(五)豁免和处罚的差异

虽违反香港《竞争条例》不需要承担刑事法律责任,但在执行机构调

第八章 粤港澳大湾区竞争政策协调推动服务业合作与发展研究

查过程中，被调查方违反相关规定可能涉及刑事处罚，如提供虚假资料、销毁、篡改或藏匿文件、妨碍现场搜查、披露相关机密资料等，可定为刑事罪行，违法者可被罚款最高 100 万港币及 2 年监禁。违反香港《竞争条例》受到的处罚包括：罚款和取消资格。

在确定罚款数额时，对于单一项违法行为而言，若违法行为持续时间未超过 3 年，罚款总额不超过该业务实体在该项违反行为发生的每一年度营业额的 10%；若违法行为持续时间超过 3 年，罚款总额不超过该业务实体在该违法行为发生的年度内取得最高、次高及第三高营业额的 3 个年度的营业额的 10%，此处的营业额指业务实体在香港境内得到的总收入。内地《反垄断法》是以上一年度营业额作为计算罚款的基数，并且以 1% 作为最低比率，而香港竞争条例则根据违法行为持续的时间规定了不同的罚款比例上限，但没有限定最低的比例。

香港审裁处认定当事人已经违法，可主动或根据竞委会的申请，做出如下命令：宣布当事人已经违法；委任某人管理另一人的财产；禁止某人订立或执行某协议等。审裁处还可以应竞委会的申请，针对某人做出取消资格令，即在指定期间内（自命令的日期起计不超过 5 年），若无审裁处的许可，该命令所针对的人不得做以下行为：担任或继续担任公司董事；担任公司的清盘人或临时清盘人；担任公司财产的接管人或管理人；不论直接或间接，以任何方式参与公司的发起、组成或管理。与香港不同，除罚款外，内地的《反垄断法》还有没收违法所得和停止违法行为的处罚，但没有取消资格的处罚措施。

内地和香港在因他人违法行为而遭受损害是否可以提前赔偿诉讼也存在差异。按香港《竞争条例》规定，任何人因其他人违反竞争条例而蒙受损害，有权提起诉讼，但是该诉讼只可在相关行为已经被裁定违法后才能提出，受害人须通过审裁处提起后续诉讼才可获得赔偿。而内地《反垄断法》规定，因垄断行为受到损失的主体可以直接向法院提起民事诉讼，或在反垄断执法机构认定构成垄断行为的处理决定发生法律效力后向法院提起民事诉讼，没有只能提起后续诉讼的条件限制。

内地和香港在承诺制度与宽待制度方面也存在差异。承诺制度是指在反垄断机构调查案件时，若某业务实体做出停止或纠正特定行为的承诺，反垄断机构认为该承诺能够消除特定行为的消极影响，可接受承诺并要求该业务实体履行承诺，从而结束调查程序。如果香港竞委会接受承诺，则可同意不展开调查；如果已经展开调查，可同意终止该调查，不向审裁处提起法律程序；如果已经提起法律程序，可同意终止该程序。

宽待制度仅适用于垄断协议行为，该制度通过提供免除或减轻法律责任的宽待，吸引垄断协议成员主动投案自首并提供违法证据。香港的宽待仅适用于违反第一行为守则的严重违反竞争行为，即竞争对手之间为合谋定价、分割市场、限制产量或进行围标而做出的协议。香港竞委会仅给首个向其举报合谋行为的业务实体提供宽待，签署宽待协议后，举报人应向竞委会提供相关合谋行为的所有资料及证据，同时竞委会将不再向审裁处提起对该业务实体施加罚款的法律程序。另外，不符合宽待资格的业务实体仍可在调查中配合竞委会，竞委会将通过执法上的酌情权优待该业务实体，如向审裁处陈述该业务实体配合调查的时间、程度等，从而在厘定处罚时予以考虑。与香港竞争法只给首个举报合谋行为的业务实体提供宽待不同，根据发改委公布的《反价格垄断行政执法程序的规定》，首个主动报告价格垄断协议并提供重要证据的可以免除处罚；第二个主动报告价格垄断协议并提供重要证据的可以按照不低于50%的幅度减轻处罚；其他主动报告价格垄断协议并提供重要证据的可以按照不高于50%的幅度减轻处罚。而根据工商总局公布的《工商行政管理机关禁止垄断协议行为规定》，第一个主动报告垄断协议、提供重要证据并全面主动配合调查的免除处罚；对于其他主动报告垄断协议并提供重要证据的酌情减轻处罚。

（六）反竞争行为产生的原因不同

粤港澳大湾区的一个显著特点是区域内经济发展水平存在巨大的差异，2017年，珠三角、香港和澳门地区的人均GDP分别为1.7万美元、4.6万美

第八章　粤港澳大湾区竞争政策协调推动服务业合作与发展研究

元和6.9万美元,港澳早已是发达经济体,而珠三角地区经过改革开放40年的发展仍处于转型阶段,市场机制并没有充分建立。大湾区三地的经济发展水平和阶段不同,市场结构、产业结构以及垄断产业等方面均存在差异。比如,广东乃至内地相当部分的垄断不是在自由竞争过程中产生的,而是政府的发展战略和政策的产物,尤其是产业政策发挥了重要的作用。如何看待广东乃至中国各级政府及其产业政策在经济发展中的作用,这一问题一直存在争论。不可否认,这些产业政策在各地的经济增长中发挥了重要的作用,无论是产业规模的扩大还是技术进步,国有垄断企业在经济发展中也做出了贡献,并为政府提供了稳定的税收。因此,有观点认为内地的竞争政策不能过于严格,否则会影响政府产业政策的实施。但是经济发展理论与发达地区的实践告诉我们,在经济起飞阶段,"有为政府"确实能为经济增长调动更多的资源,但当经济发展阶段进入深度发展时,政府对市场的过多干预就会起到反向作用。因此,应该明确指出,竞争政策才是基础性的政策,而非产业政策。

内地属于经济转轨地区,政府在经济社会发展中的作用突出,政府"看得见的手"主要通过产业政策、财政政策和金融政策等发挥重要的作用。有研究发现,越是在经济发展面临风险的时期,内地包括广东政府对经济的干预就越明显,其中表现尤为明显的是行政垄断。行政垄断是指政府通过对某些企业的优惠政策,如授权、关税、特许等形式,从而使得某些企业获得垄断能力。与此相反,港澳的反竞争行为,尤其是垄断市场结构的形成是市场力量作用的结果,当然也是政府不加干预所导致的。这也是香港出台《竞争条例》的原因。

三　粤港澳大湾区服务业跨境流动的实证分析

(一)研究设计

为了更精确地分析竞争政策差异到底在多大程度上阻碍了粤港澳大湾区

服务业的跨境流动，我们使用"一价定理"的分析方法构建引力模型。构建模型的思路是，货物贸易的跨境流动主要受到"边界上"的关税和非关税壁垒的影响，而服务贸易即使获得了市场准入，还要受到"边界后"的来自政府规制、地方保护主义乃至垄断的市场结构的阻碍。因此，将货物贸易作为对照组、服务贸易作为实验组纳入模型分析，如果三地间边界的阻碍主要发生在服务贸易领域，则可以得出影响服务贸易的主要因素是竞争政策的不协调。

"一价定律"的基本思想是，同一个商品市场（货物和服务）上，商品或服务在 a 点和 b 点销售价格的差异仅仅来自将货物或服务[①]从 a 点运到 b 点的运输成本，否则就存在将商品或服务从一个地点运到另一个点的套利空间。长期看，同一个市场上商品和服务的价格应该趋同或收敛。因此，众多的研究使用地区间价格的差异来反映市场的分割程度，也就是说，如果没有市场的分割，长期中商品和服务的价格趋于收敛，此时地区间价格差异等于总成本[②]，即：

$$|p_{ik} - p_{jk}| = t_{ij} + b_{ij} + d_{ij} \qquad (1)$$

式（1）表明，价格差异来自三方面的成本。一是不存在市场分割的情况下，将商品从 a 点运输到 b 点的距离（运输）成本 t_{ij}。二是市场分割带来的商品和服务跨境流动的成本 b_{ij}，这是本文考察的主要对象。市场分割导致货物贸易的跨境流动的成本增加主要体现在"边界上"的关税和非关税壁垒，一些研究发现，在 CEPA 的零关税和粤港澳通关的便利化情况下，由"边界上"的因素导致商品的跨境流动的成本增加并不显著；而服务贸

[①] 如上文所言，服务贸易不同于货物贸易，主要是因为服务商品的生产与消费是同时的，因此在空间上是不可分的，在当前技术条件下，人可以成为服务业的载体，通过人在空间不同位置的移动促使交易的发生。从这一点看，阻碍粤港澳地区服务贸易跨境流动的主要障碍是对"人"的管制。比如，香港的律师要到广东执业，须通过内地的司法考试并获得资格认定；香港的教师要先通过考试获得内地的资格证书，而考试的内容对于在香港受教育的人来说难度非常大。智经研究中心的调查显示，在内地获得服务业领域的相关资格是进入内地执业的最大难题。

[②] 高晶、林曙:《省际边界、方言边界和一价定律》，《金融研究》2018 年第 4 期。

第八章　粤港澳大湾区竞争政策协调推动服务业合作与发展研究

易跨境流动的障碍主要是"边界后"的进入壁垒，不论是来自政府对服务业的监管、规制和地方政府的地方保护主义，还是来自垄断和寡头的市场结构对跨境服务企业进入的阻碍，都会导致新进企业固定成本的增加。① 这部分成本主要反映在 b_{ij} 上，需要特别强调的是，导致 b_{ij} 存在的因素往往是不可观察的，我们通过观察 b_{ij} 的系数来刻画竞争政策差异导致的服务市场的分割程度。最后一个影响商品和服务价格的是城市（区域）的异质性。刘发跃等②发现，城市规模、工资水平、住房价格等来自城市异质性是导致价格差异的重要因素，d_{ij} 反映了这一成本。

根据上面的思想，我们使用下面计量模型评估竞争政策差异导致的商品和服务价格差异。

$$\delta(\Delta w_{ijt}^{m}) = c + \beta_1 \ln dis_{ij} + \beta_2 border_{ij} + \beta_3 state_{ij} + \beta_4 dpgdp_{ij} + \chi_i + \chi_j + \varepsilon_{ijt} \quad (2)$$

其中，$\delta(w_{ijt}^{m})$ 为商品和服务价格变动的标准差③，t 为时间，i、j 为地区（城市），m 为商品种类，χ_i、χ_j 分别为 i、j 地区特定的贸易成本，ε_{ijt} 为随机变量。等式右边的其他变量后面有详细讨论。

（二）数据来源

原始数据来源于 2000~2016 年《广东省统计年刊》、2000~2016 年《香港

---

① Henk Kox 和 Arjan Lejour 讨论了欧盟成员国间不同的服务业管制、规制、标准等对服务企业跨境投资和服务贸易跨境流动带来的成本增加，（见 Henk Kox and Arjan Lejour, The Effects of the Services Directive on Intra - EU Trade and FDI, *Revue Economique*, July 2006）; Simon C. Fan 等人使用了同样的方法研究了香港与内地由 b_{ij} 带来的边界效应，但这个研究使用的是"商品"价格差异，在他们的研究中并没有使用服务价格的差异。研究发现，控制了 b_{ij} 后，香港与内地的价格差异会大大缩小。参见 Simon C. Fan, Xiaodong Wei, Jia Wu, "Border Effect between Hongkong and Mainland China", *Pacific Economic Review*, 2016。
② 刘发跃、孟望生:《异质性会影响城市间价格差异吗?》,《浙江工商大学学报》2016 年第 1 期。
③ 国内外基于"一价定律"的研究多使用相对价格的标准差 $\delta(w_{ijt}^{m})$ 及其一阶差分形式 $\delta(\Delta w_{ijt}^{m})$（即相对价格变动的标准差和方差）作为反映式（1）中价格差异变动的变量（黄新飞等，2014；李晓等，2017；高晶和林曙，2018。）

统计年刊》及2000~2016年《澳门统计年鉴》的居民消费价格指数的商品分类指数。这些数据涵盖了2000~2016年16年间粤港澳地区11个城市的5类商品的数据（见表4），具备了时间、地点与商品种类三个维度（16×11×5）。选取数据的方法如下。

（1）以2000年作为数据收集的起始年份。因惠州市缺少2000年以前的统计年鉴，为使数据平衡全面，特选择2000年作为数据收集的起始年份。

（2）商品种类的选取。两岸对于居民消费价格分类指数的商品分类不完全相同，故根据两岸对于一级居民消费价格分类指数的内容统一了指标内容，舍弃了不能分离的一级居民消费价格指数项，如家庭设备及维修、杂项物品、杂项服务、耐用物品、教育、康乐及服务等。根据指标内容统一指标后得到11个城市的5类居民消费价格指数，分别为：食品烟酒（包括烟酒用品）、衣着、居住（包括房租、水电及燃料）、交通通信以及医疗（涵盖医疗保健项）。

表4 粤港澳地区居民消费价格分类指数对应情况

序号	广东	香港	澳门
1	食品烟酒	食品	食品及非酒精饮品
2	衣着	住屋	烟酒
3	居住	电力燃气和水	衣履
4	家庭设备用品及维修服务	烟酒	住屋及燃料
5	医疗保健及个人用品	衣履	家庭设备及用品
6	交通和通信	耐用物品	医疗
7	其他用品和服务	杂项物品	交通
8		交通	通信
9		杂项服务	康乐及文化
10		医疗服务	教育
11			杂项商品及服务

资料来源：根据历年粤港澳统计年鉴整理而得。

第八章　粤港澳大湾区竞争政策协调推动服务业合作与发展研究

（三）变量说明

1. 被解释变量（Border）

设定虚拟变量考察由于竞争政策差异对商品和服务在粤港澳地区的价格差异而产生的影响。粤港澳三地政治、法律和经济制度不同，如果城市组合是同属广东的，则该城市组合（或地区）间没有竞争政策的差异，其边界虚拟变量为 0；而如果属于不同经济制度的城市组合，则认为两个城市（或地区）间存在竞争政策差异，其边界虚拟变量为 1。

2. 地理距离（dis）

本文采用 GCD（Great Circle Distance）进行测量。GCD 是指球面两点之间的最短距离，$GCD = R \times arccos(cos\alpha cos\beta cos|c| + sin\alpha sin\beta)$，$R$ 是地球的半径 6371 千米，α 和 β 是两个地区的纬度，c 是两个地区间的经度之差。文中所使用的经纬度数据来源于香港天文台网[①]。

3. 控制变量

控制变量主要是反映了城市异质性对价格波动差异的影响。我们使用人均 GDP 和政府干预（State）来反映城市异质性。理论上，经济发展水平（人均 GDP）的差距反映了城市经济和社会结构上的差异。一般来说，经济发展水平越高的城市，其居住成本、工资水平等企业经营成本越高。另外，政府对经济社会的干预影响着企业的成本，一般而言，政府干预越多，企业的成本往往越高，价格的波动往往越大。本文选择两地间的人均 GDP 的差距来表示两地的经济差距。参考王庆喜（2014）的做法对经济距离进行指标测算，$dpgdp = \ln|(dpgdp_{it} - dpgdp_{jt})|$。政府干预（State）由地区政府财政支出之和占地区生产总值之和的比重表示，变量的描述性统计见表 5。

---

① http://www.hko.gov.hk/m/guangdongcity_uc.htm.

表5　变量的描述性统计（2001~2016年）

变量	观测值	均值	标准差	最小值	最大值
△w	880	0.03785	0.00086	0.00358	0.14126
ln(dis)	55	4.42911	0.49507	2.85229	5.30112
dpgdp	880	11.15572	1.97643	6.09091	14.60547
state	880	0.12036	0.04166	0.05080	0.22956

（四）回归结果

回归结果（见表6）表明，在代表商品市场的食品烟酒和衣着、代表服务市场的居住和医疗上均存在市场分割状况，但交通通信在粤港澳大湾区各城市间是一体化的市场。市场分割使得食品烟酒、衣着、居住、医疗相对价格的波动性分别增加10.4%、6.66%、5.32%、5.61%。

表6的数据还表明，食品烟酒和衣着的市场分割程度大于除交通通信外的服务业可能的原因有两个。一个原因可能是我们选择的城市异质性的代理变量并不理想，二是遗漏了汇率这一控制变量。汇率的波动势必增加交易成本，会带来市场的分割。

进一步分析发现，由于货物贸易的生产和消费在空间上是可以分离的，在香港生产的面包运到广州销售，就涉及港币与人民币的汇率问题，由此会增加面包的交易成本（事实上包括了所有的港产商品和非港产的进口商品）。但服务的生产和消费在空间上往往是不可分的，香港的会计在广州提供服务，使用的是人民币结算，并不涉及汇率问题。因此，我们认为不控制汇率会高估商品市场的分割程度，但对服务市场的影响有限。

换句话说，表6的结果高估了商品市场的分割程度。我们的这个估计得到了Fan等[1]研究结论的支持。他们使用了"7-11"便利店的商品

---

[1] Fan, S. Wei, X. Wu, J. "Border Effect between Hong Kong and Mainland China", *Pacific Economic Review*, 2016, pp. 3-12.

第八章 粤港澳大湾区竞争政策协调推动服务业合作与发展研究

价格作为被解释变量,当加入汇率因素时,香港与内地城市间的市场分割程度大大降低了。

我们重点关注的是代表服务业跨境流动的居住和医疗市场的分割情况。在逻辑上,市场分割的原因主要是受到竞争政策差异的影响,表6的结果验证了我们的推测。从粤港澳地区一体化的发展过程看,不论是"前店后厂"模式,还是 CEPA 系列协议的签署,其解决的主要是粤港澳三地间货物贸易的跨境流动问题,在要素流动上主要解决的是资本流动问题,而对以人为载体的服务业的跨境流动的阻碍作用较为明显。

此外,政府干预对于食品烟酒、衣着、居住等与居民日常生活活动有不同程度的影响。回归结果表明,政府干预降低了两地间衣着和居住的价格波动差异,分别在 10% 和 5% 水平上显著,说明对居住的影响更大,但对食品烟酒、交通通信和医疗的影响不显著。城市异质性(人均 GDP)使得衣着类相对价格波动性增加 9.34%,使得居住类相对价格波动性降低 5.15%。

表6　粤港澳不同商品边界效应的 OLS 回归

变量	食品烟酒	衣着	居住	交通通信	医疗
border	0.10427 (28.38)***	0.06656 (6.87)***	0.05315 (9.9)***	0.00427 (1.52)	0.05611 (13.68)***
lndis	-0.00015 (-0.06)	-0.00566 (-0.78)	0.00115 (0.29)	0.00092 (0.44)	0.02684 (0.87)
state	-0.00153 (-0.31)	-0.09513 (1.8)*	-0.07287 (-2.48)**	-0.00540 (-0.35)	-0.00970 (-0.43)
dpgdp	-0.00873 (-0.44)	0.09339 (2.06)*	-0.05147 (-2.05)**	-0.00537 (-0.41)	0.00148 (0.08)
_cons	0.02617 (2.07)*	0.00561 (0.14)	0.07183 (3.33)**	0.01861 (1.64)	0.02022 (1.23)
Adj R^2	0.9676	0.4808	0.835	0.0543	0.863
F-stastitic	404.81	13.5	69.34	1.78	86.04

注:*表示在10%的水平上显著;**表示在5%的水平上显著;***表示在1%的水平上显著;括号中的数值是估计系数的t统计量。

四 讨论和政策建议

竞争政策是针对所有反竞争行为的规制，因此，它势必有复杂的法律和政策体系，但又不仅仅是这些法律法规和政策体系所能够涵盖的。它是政府与企业的关系、是政府与市场的关系，也是企业与企业关系的总和，它是一个原则和文化。不论内地、广东还是港澳，服务市场都存在大量的反竞争行为，本文的中心观点是需要竞争政策加以规制。具体的政策建议如下。

（一）充分认识竞争政策协调的战略意义

2018年12月召开的中共中央经济会议为下一步改革开放提出了要求、指出了方向，会议指出中国经济的主要矛盾是"供给侧的结构性问题"，供给侧结构性改革要"强化竞争政策的基础性地位，创造公平竞争的制度环境"，要"更多运用市场化、法制化手段"，"建立公平开放透明的市场规则和法制化营商环境"，"推动由商品和要素流动型开放向规则等制度型开放转变"。因此，作为中国改革开放的先行区，粤港澳大湾区应该在打造"竞争政策基础性地位"以及"制度型开放"领域进行探索，通过大湾区竞争政策的协调推动广东乃至内地营造竞争中性、公平公正的法制化市场环境具有重要的战略意义。

（二）提高反竞争行为执法透明度

透明度原则是WTO确立的基本原则，与最惠国待遇原则、国民待遇原则有着同等的重要地位，该原则象征着制度的民主化。目前，这一原则已被大多数贸易投资协定所采用。粤港澳大湾区在实施竞争政策协调过程中，应要求三方提高竞争执法政策的透明度，学习OECD竞争政策合作的经验，三方都应建立竞争执法数据库并及时更新数据库，这样能够保证大湾区各个执

第八章　粤港澳大湾区竞争政策协调推动服务业合作与发展研究

法机构和企业及时准确了解大湾区内竞争政策和执法的最新情况。同时，还应及时提供本地实施竞争政策与惯例、国内竞争政策的例外与豁免相关的公共信息。三方应公开有关违反本地竞争政策的最终裁决书，并列出与裁决相关的基础事实与理由，这是保证大湾区具有公平公开的竞争政策执法环境的基础。

（三）推进服务业国企改革

国有企业在广东乃至内地具有特殊地位，也是我国社会主义市场经济区别于西方市场经济的关键所在。因此，内地签署的自贸协定，包括 CEPA 均没有触及国有企业问题，即便是竞争政策规则相对完善的《中国—韩国自由贸易协定》，也是避免直接使用"国有企业"，而是称为"公用企业"，可见中国在自贸区谈判的国有企业问题上的谨慎态度。但是从发展趋势上看，竞争政策的协调必然涉及对国有企业的规制与约束，在粤港澳大湾区"共同市场"构建中，这是无法回避的。当前广东乃至我国的国企改革也在不断深入，在大湾区竞争政策协调中规范国有企业行为也许能够为我国国有企业改革找到突破口，从这一点看，大湾区竞争政策协调涉及国有企业，对内地和广东的改革也是有益的，回顾中国的改革开放哪一项不是在"探索"中积累了经验，甚至发现了新的模式呢？[①]

一般而言，自由贸易协定涉及国有企业的核心问题包括非歧视待遇、商业考量、非商业性资助以及透明度。其中，承担、履行非歧视待遇义务和透明度义务对广东不会带来过多的负担，而承担、履行商业考量义务与非商业性资助义务会对广东国有企业发展不利，与现有国有企业相关政策造成矛盾。因此，广东一方面应加快国有企业改革力度，另一方面可在大湾区竞争政策协调中[②]，将国有企业问题纳入谈判内容，并在

---

① 最典型的是乡镇企业的发展，就是在没有制度设计、没有预估到乡镇企业发展的情况下，基层不断探索的结果，我国的很多改革均属此类。

② 比如 CEPA 的补充协议。

透明度、非歧视待遇方面制定较详细、具体的规则，而在商业考量、非商业性资助方面使用宣示性表述，制定较抽象的规则，同时也要在例外条款中将这些行为排除在外。

（四）充分落实公平审查制度

依前文所述，公平审查制度对内地具有特殊意义，这是因为作为转型经济体，内地始终大量存在各级政府对经济的干预，较大数量的政策措施扭曲、限制、排除了市场竞争，干扰了市场机制发挥作用，如地方保护、区域封锁、行业壁垒、企业垄断、违法给予优惠补贴等。在市场化改革过程中，总是面临大量存在的产业政策如何与竞争政策协调的问题，而这些问题对于港澳成熟市场经济体而言是不存在的，这也是大湾区竞争政策协调的难点之一。2015年，国务院颁布的公平审查制度就是为落实十八届三中全会《中共中央关于全面深化改革若干重大问题的决定》提出的"市场在配置资源中起决定性作用和更好发挥政府作用"的总体要求。但是，公平审查制度确立了由政策制定机关对照标准自我审查的方式，同时明确了加强社会监督，反垄断执法机构依据《反垄断法》强化事后监督的审查机制。从实践看，效果并不明显，公平审查机制的落实还存在很大的改进空间。我们建议，广东应在此方面走在全国前列，率先真正落实公平审查机制，甚至由事后监管向事前监管转变，只有如此，大湾区竞争政策的协调才具有现实的基础。

（五）建立粤港澳大湾区竞争政策执法机构定期会晤机制

粤港澳大湾区竞争政策协调体制、制度、法律等多个方面内容，众多事权超出省级政府权限之外，需要建立由中央政府、地方政府和民间组织多方参与的多层次竞争政策协调机制。为此，首先，应在国家层面的国家工商总局设立粤港澳大湾区竞争协调顶层统筹机构与协调机制，专门处理超出省级政府事权范围的竞争事务协调。其次，建立粤港澳大湾区竞争政策工作会议制度，专责协调与统筹竞争政策信息交换、技术合作等的落实工作。虽然现

第八章　粤港澳大湾区竞争政策协调推动服务业合作与发展研究

有粤港和粤澳联席会议机制在以往的粤港及粤澳合作中发挥了重要作用，但竞争政策协调一直没能真正纳入讨论范畴，这一机制面对大湾区建设的新形势，还存在许多不足，因此迫切需要创新现有的粤港（澳）合作联席会议制度。最后，推动民间组织、行业协会、研究机构参与竞争政策的研究与沟通。在粤港澳竞争政策协调过程中，区域内多元主体的利益诉求不同，港澳社会民间对大湾区建设的认识还不够深入，部分港澳民众在观念、理念上对进一步与内地融合存在疑虑，甚至会认为大湾区竞争政策协调会对"两制"造成破坏。民间的非政府组织在这一过程中可以发挥重要的作用。

（六）服务业由产业政策向竞争政策转变

作为后发经济体，在经济起飞阶段，广东乃至内地政府通过产业政策影响资源配置，以此推动经济增长，此时产业政策的作用明显大于竞争政策。但随着经济发展水平的提高，尤其是十八届三中全会提出"市场在资源配置中起决定性作用"后，竞争政策就应成为主要的政策措施。对于珠三角地区而言，二者协调统一不仅仅有利于自身的发展，而且能够推动大湾区的一体化发展。

应确保《反垄断法》的有效实施。《反垄断法》对于促进竞争、发展市场经济具有示范性作用。该法颁布以来，由于内地政府这只"看得见的手"对市场的强势干预以及产业政策的强大作用，致使《反垄断法》让位于产业政策。由于港澳政府对经济干预较少，其并不存在这样的问题，由此造成大湾区的竞争政策有较大的落差和政策梯度。如果要想在竞争政策上构建有效的协调机制，竞争政策趋同是必然的方向，因此，加大《反垄断法》的执行力度，是向竞争政策转型的基础。

（七）定期发布粤港澳大湾区竞争政策报告

欧盟委员会竞争总司每年会定期发布《欧盟竞争政策报告》，主要是为了总结当年欧盟委员会和成员国竞争政策的变化、执法情况、竞争政策对欧盟及成员国经济发展的作用等。《竞争政策报告》作为信息平台，对竞争政策在欧盟范围内的融合起到了重要作用。当前，从全球竞争政策的发展趋势看，对反竞争行为的市场范围的认定已经从"国内市场"拓展到"可竞争的市场"。大湾区内三地经济联系密切，三地企业在大湾区范围内布局经营已经成为常态。因此，定期发布《粤港澳大湾区竞争政策报告》，不但能够使得三地执法机构有了信息交流的平台，而且方便企业了解掌握大湾区各地竞争政策和执法的最新情况，有利于企业的经营与发展。

·第九章·

粤港澳大湾区跨境电商的机遇与挑战

杨学海*

2019年2月18日，中共中央、国务院印发了《粤港澳大湾区发展规划纲要》，重申了粤港澳大湾区在新时代国家发展大局中的重要战略地位，称其为"我国开放程度最高、经济活力最强的区域之一"。[①] 这一纲要将为粤港澳大湾区近至2022年、远至2035年的合作发展规划做出纲领性指导。

作为我国经济及国际贸易重要载体的粤港澳大湾区，其强大的经济基础及制造、信息、技术、金融等领域的突飞猛进也为跨境电商的发展提供了强大动力，粤港澳大湾区的跨境电商发展始终居于全国乃至世界前列。然而，未来国际经济及贸易形势复杂多变，既会为跨境电商带来前所未有的发展机遇，也会伴随着各类不确定性的挑战，正确看待机遇与挑战并提前做好布局就显得至关重要。

---

* 作者简介：杨学海，广州优宜趣供应链（UEQ）创始人，专注于跨境电商进出口服务，主要研究方向为电子商务与跨境电子商务物流。

① 粤港澳大湾区是指由香港、澳门两个特别行政区和广州、深圳、珠海、佛山、中山、东莞、肇庆、江门、惠州九市组成的城市群，是国家建设世界级城市群和参与全球竞争的重要空间载体，未来有望比肩美国纽约湾区、美国旧金山湾区和日本东京湾区，成为世界第四个国际一流湾区。

一 粤港澳大湾区跨境电商发展的现状

据海关总署发布的数据显示，2018年，广东省外贸规模再创历史新高，首次突破7万亿元，实现外贸进出口总额7.16万亿元，较上年同期增长5.1%，①占据全国外贸总额的23.5%，实现贸易顺差1.38万亿元，较上年同期下降14.8%。其中民营企业迸发出强劲的进出口活力。2018年，广东省共计有6.3万家民营企业披露了进出口统计数据，参与国际竞争的企业数量大幅度提升，实现进出口总额3.5万亿元，较上年同期增长11.4%，占据广东全省的近一半。

2018年，广东省跨境电商实现进出口总额759.8亿元，较上年同期增长72%；实现市场采购出口额2446.3亿元，较上年同期增长两倍。而2018年，全国通过海关跨境电子商务管理平台零售进出口商品总额为1347亿元，增长50%，其中出口561.2亿元，增长67%，进口785.8亿元，增长39.8%。广东省的跨境电商业务量占全国总量的近56%，处于绝对领先地位。而广东外贸的龙头区域也是粤港澳大湾区中的核心城市，所以，加上香港、澳门，粤港澳大湾区目前的跨境电商处于全国的绝对领先地位。

基于未来国际贸易碎片化的趋势，跨境电商的高效发展能够为中国的贸易质量及效率插上翅膀，为中国智能制造提供支撑，带动广东乃至中国的大数据、结算支付、国际金融、智能应用、仓储科技、物流技术等领域质的飞跃，为"一带一路"和"经济新常态"等助力。

二 粤港澳大湾区跨境电商发展的优势

粤港澳大湾区在跨境电商和进出口方面均处于领先的位置，主要是基于

---

① 其中，进口总额为2.89万亿元，较2017年同期增长11.3%；出口总额为4.27万亿元，较2017年同期增长1.2%。

广东制造的强劲能力、各类便利化政策的不断出台及粤港澳大湾区优越的地理位置带来的交通及物流优势。制造业已发展多年不再赘述，本文主要阐述政策及交通的优势。

（一）政策优势

2012年8月，商务部颁布《关于利用电子商务平台开展对外贸易的若干意见》；2013年，海关总署组织开展以上海、郑州、杭州、宁波、重庆等城市为试点的跨境电商新型通关模式；2013年12月，财政部国家税务总局发布《关于跨境电商零售出口税收政策的通知》；2014年2月，海关总署创立"跨境电商"海关监管方式并赋予代码"9610"；2015年6月，国务院颁布《关于促进跨境电子商务健康快速发展的指导意见》；2017年4月，财政部联合海关总署、国家税务总局共同发布《关于跨境电子商务零售进口税收政策的通知》。针对跨境电商的政策制度不断推陈出新，有效推动了行业发展。

2013年，跨境电商试点城市为5家，随后增加了广州及深圳，截至2019年，跨境电商试点城市已达15个。2015年3月，"中国（杭州）跨境电子商务综合试验区"获国务院批准设立，截至2019年，跨境电商综试区已达35个。试点城市在逐步增加，政策也在不断修正完善。

2019年7月，国务院总理李克强在国务院常务会议上强调"支持跨境电商等新业态发展，是适应产业革命新趋势、促进进出口稳中提质的重要举措"。首先，会议决定要持续提升试点城市与综合试验区的数量与规模，将与跨境电商零售出口相关的"无票免税"等政策落到实处，优化企业个人所得税征缴制度，完善跨境电商统计体系，营造更加便利化的营商环境。其次，要推动服务跨境电商平台、物流等服务体系以及海外仓库的建设，进一步扩大市场覆盖面。最后，要不断加强审慎监管，严厉打击生产和经销假冒伪劣产品的行为，积极营造公平的市场竞争环境。不仅对标，而且参与、主导跨境电商的国际通行规则与标准的制定。

对于粤港澳大湾区来说，核心城市基本是跨境电商试点城市或综合试验区，同时还有深圳前海、广州南沙、珠海横琴等自贸区，有《内地与港澳关于建立更紧密经贸关系的安排》（CEPA）等政策的叠加，对于粤港澳大湾区的跨境电商发展是千载难逢的好机会。

（二）交通物流优势

据统计，2017年，全球10大港口中，粤港澳大湾区独占三席，分别是深圳港（排名第3）、香港港（排名第5）、广州港（排名第8），三港合并数据是全球第一大港上海浦东的1.7倍；而全球15大空港中，粤港澳大湾区独占两席，分别是香港机场（排名第8）、广州白云机场（排名第13），这两个机场合并旅客吞吐量是全球第一大空港亚特兰大机场的1.3倍，如果加上同属粤港澳大湾区的深圳机场、澳门机场等，将超过亚特兰大机场的两倍。地面交通方面，纵横交错的交通网络为区域内的高效物流提供良好的基础。

三 粤港澳大湾区跨境电商发展面临的机遇

基于以上一些优势，本文认为粤港澳大湾区未来的跨境电商发展有如下三个显性机遇。

（一）跨境电商国际履约（物流）交付中心

跨境电商国际履约（物流）交付中心通过一体化的物理监管区域，进行各类进出口货物、物品的处理（物品、货品自由转换或不做区分、自由流动），可以自由通过统一的通关体系、税制体系（可以部分分税种）进行进出口物流的全方位高效操作。为自由贸易港货物的管理做全面的前置性探索。

该平台旨在将全球主要国家知名国际贸易、品牌、产品、货物、包裹通过海陆空铁等方式运抵"粤港澳大湾区全球贸易及跨境电商物流履约交付中心"，通过产品简单处理、仓储、打包分拣、包装分拨等流程，将处理与包装分拨后的产品、货物、包裹通过粤港澳大湾区强大的一体化集约式通关体系交付至国内企业、贸易商或消费者，同时可以便利地通过全球网络交付给全世界的枢纽、仓库、工厂、贸易商、消费者等。

该平台的核心是打通监管环节，推动全面的灵活分类监管模式，一线全面放开，二线根据货物流向属性及类型进行贸易及监管模式的匹配，对于货物进行指定区域内的完全流动，税制统一化、申报统一化，进出清关可采取如仓单核销等数据管理模式。实现境外、监管区域、境内三点多向的货物流动。

基于粤港澳大湾区的人才、技术、成本等优势，可以为国际、国内的知名品牌商、电商企业等建立整个亚洲乃至全球的物流履约交付中心。

（二）跨境电商国际交易结算中心

在通过灵活强大的跨境电商国际履约（物流）交付中心引入各类国际与国内品牌、电商平台、电商企业后，可全面推动特殊监管区域内的货物直接交易交割，利用自贸区功能定义，在境内区外实现交易中心的全部功能。

交易的核心在于区内货物的自由流动与交易，通过更灵活的货品主体审定，允许境内外企业在自贸区范围内的自由交易。

推动交易中心的发展，可极大便利目前跨境电商进口企业多向及多元化的发展需求，同时方便出口跨境电商企业推行品牌共享、现货共用等业务模式，并推动如出口入区退税或提前退税等便利化措施。基于物流交付中心的优势，可以为跨境电商企业提供最高效率的货物交易、物流交付等服务。

基于以上交易模式，创建灵活的结算模式，全面引入自贸区关于货币及国际结算的灵活政策，同时全面借鉴香港的资金管理及国际结算方式，让国际企业真正愿用、易用这些创新举措。

（三）跨境电商国际融资、保险平台

基于物流交付中心及交易中心，上下游产业链的资金需求随之而来，适

时推动基于各类交易环节的融资服务显得尤为重要。包括货物融资、仓单融资、物流融资、设备融资租赁、交易融资、采购融资、保险融资等。可以更加有效地促进交易及物流的交付。

基于特殊监管区为跨境电商提供全面便利性的举措，延伸一步可提供各类资金需求、各类币种、各类交易模式的全融资业务类型。可以借鉴香港模式，快速推动融资业务大力发展。

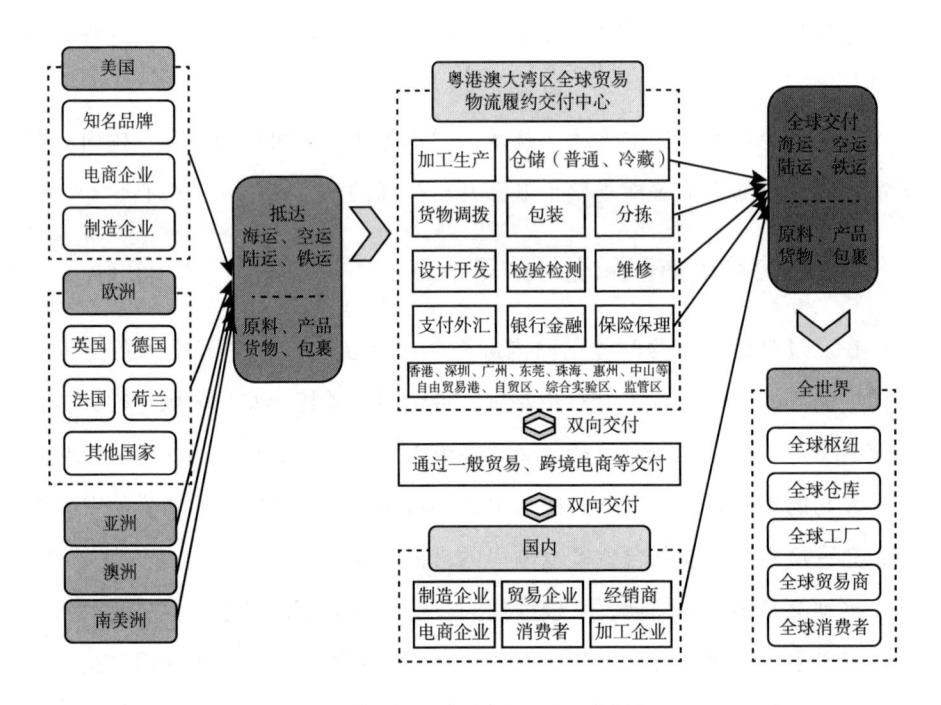

图 1　三大中心平台的总体构想框架

四　粤港澳大湾区跨境电商发展面临的挑战

（一）政策效率

目前，在政策层面，国家陆续出台了很多鼓励跨境电商的利好政策，各地海关、税务、外汇等部门也都在积极创新为企业助力，但在国际形势日益复杂多变的今天，需要更加灵活高效的突破性政策来支持企业在国际竞争中获得有利位置。

以进出口通关为例。据查询，目前存在的货物进出口的各类通关监管模式共 91 种，适应了不同的货物监管需求。如此繁多的监管方式致使在进出口环节的通关流程差异巨大。而跨境电商所涉及的各个监管模式在申报要素、申报方式、基本要求、运输方式、操作流程上也存在显著差别。平台企业如果同时面向海外消费者或贸易商，则意味着需要在所有进出口监管模式上进行操作，即便是处于同一监管方式之下的货物，进出口的操作程序也有巨大差异，这无疑对货物的整体管理、人员的素质水平以及平台的运营模式都提出了更大的要求与挑战，不便于企业的灵活性管理。另一方面，多种模式并存，税制及费用差异巨大，不同模式的税率也不统一，计算方式不一，要求也有比较大的差异。此外，多种模式并存，且模式转换困难，造成监管区域资源浪费，进口货物保税仓、出口货物保税仓、进口跨境直邮场站、进口快件场站、进口邮件场所等多种模式并存且物理风格的差异势必造成巨大的物理区域资源浪费。同时整体管理复杂度过高导致对大型交付需求型企业吸引力不大。

（二）国内挑战

粤港澳大湾区在跨境电商方面虽然处于国内的领先地位，但从近几年发展的势头来看，上海、杭州湾片区、山东半岛等也存在相同的机会，尤其上海及杭州湾片区，跨境电商企业的发展非常快。跨境电商的发展核心还是电商本身，上海与杭州湾片区的电商在数量、质量和生态上都处于国内领先的地位。而未来，该区域在跨境电商领域实现超越并非不可能，甚至有可能速度很快。交通物流方面，杭州湾及上海拥有几大巨型港口及航空枢纽，基础也非常之好。

总体来说，虽然挑战比较大，但只要粤港澳大湾区能够保持更高的效率、更灵活的政策支持、更好的企业服务理念、更多的基础服务支撑，竞争也会是动力。

（三）国际挑战

粤港澳大湾区跨境电商高效高质量的发展离不开政策、物流、资金、国际结算等方方面面的便利化支持，但所有这些要素齐全后，依然需要面临来自国际相似属性的区域的竞争，比如美国、新加坡、阿姆斯特丹等传统国际贸易强国、自由贸易港或国际物流中心的竞争与挑战。这类竞争在于以上所说的方方面面，需要用好粤港澳大湾区中香港、澳门先天的自贸港优势来发挥结算、金融等方面的竞争优势，同时积极地加大航运、交通方面的基础建设，大幅提升物流交通的优势。

现阶段，大湾区占据包括人员、设备、基础设施等方面的成本优势，但后续如越南等增长速度快、劳动力成本低的国家及地区也在紧追不舍，所以更需要在每一个点上发挥优势，保持领先。

五 粤港澳大湾区跨境电商发展的未来方向

本文重点讨论的依然是以2C业务为主的跨境电商，包括进出口。而未来国际贸易碎片化趋势越发明显，边界越发模糊，且转变速度也在加快。2018年，中国跨境电商交易规模达9.1万亿元，较2017年增长20%，用户规模超1亿人。未来，粤港澳大湾区跨境电商应当以大跨境（2C及2B）为考虑点全面发展。

粤港澳大湾区跨境电商高质量的发展可以为未来自由贸易港的管理及监管做全面的前置性探索。通过先行先试，带动跨境电商及国际新型贸易的标准化；制定基于大湾区的标准并向全国有条件区域推广，为"一带一路"与"经济新常态"做全面的探索及支持。为"中国制造2025"做好全面的支撑服务体系。此外，通过电商形式的交易带动，为大湾区带来新的经济突围点并能更好地应对各类贸易战。

  同时,跨境电商的整体发展还会带动整个基于交付中心的仓储、物流、报关、物流设备、供应链公司、电商公司、检验检疫机构、认证机构、货物代理、航空公司、监管区管理单位等上下游企业及关联单位的全面转型,带动仓库智能化设备、智慧化物流、交通、科技、产业机器人等领域的技术升级,解决就业并带动整个链条中人才质量及数量的提升。

参考文献

[1] 艾德洲：《新形势下粤港澳科技合作面临的问题与改革路向》，《当代港澳研究》2018年第4期。

[2] 《昂首阔步迈向高等教育强国——党的十八大以来我国教育改革发展评述·高等教育篇》，《中国教育报》2018年9月6日。

[3] 历年澳门统计年鉴。

[4] 澳门高等教育辅助办公室：《澳门高教统计数据年编》，2016。

[5] 陈昌贵、谢练高：《走进国际化：中外教育交流与合作研究》，广东教育出版社，2010。

[6] 陈鸿宇：《比肩国际一流湾区 建设具有全球影响力的国际科技创新中心》，http：//news.southcn.com/nfzz/content/2019－04/02/content_186468940.htm.2019－04－02/2019－09－15。

[7] 《东莞统计年鉴2017》，东莞市统计调查信息网，http：//tjj.dg.gov.cn/website/web2/index.Jsp。

[8] 冯海波：《广东不断深化与港澳科技创新合作》，http：//epaper.gdkjb.com/html/2019－03/15/content_3_1.htm.2019－03－15/2019－09－10。

[9]《佛山统计年鉴2017》，佛山统计信息网，http：//www. Fstjj. Gov. cn/tjnj /201801 /t20180108_6983196. Html。

[10] 高晶、林曙：《省际边界、方言边界和一价定律》，《金融研究》2018年第4期。

[11] 历年广东省统计年鉴。

[12] 广州统计信息网，http：//www.gzstats. gov. cn /tjsj /hgjjsjk /。

[13] 广东省人民政府网站，http：//www. gd. gov. cn /zjgd/sqgk/rkyy/content/post_101140. html。

[14] 广东省社会科学院课题组：《深度解读粤港澳大湾区建设的四大重点和八大亮点》，《房地产导刊》2018年第7期。

[15] 国家统计局网站，http：//www. Stats. gov . cn /tjzs /tjbk /。

[16] 国世平：《粤港澳大湾区规划和全球定位》，广东人民出版社，2019。

[17] 黄新飞、陈珊珊、李腾：《价格差异、市场分割与边界效应——基于长三角15个城市的实证研究》，《经济研究》2014年第12期。

[18]《惠州统计年鉴2017》，惠州统计信息网，http：//www. hzsin. gov. cn /。

[19]《江门统计年鉴—2017》，江门市统计局网站，http：//tjj. Jiangmen. gov. cn /。

[20] 教育部网站，http：//www. Moe. Gov. cn /s78 /A03 /moe_560 /jytjsj_2016 /2016_ gd /201708 /t20170823 - 311759. html。

[21] 旧金山湾区区域经济评估报告：《旧金山湾区委员会经济协会报告》2012年10月。

[22] 科技部统计数据。

[23] 李丹：《高等教育服务粤港澳大湾区建设的思考》，《学习与探索》2019年第2期。

[24] 李凤祥、祁雷、彭琳、麦竺雨、黄艳欣：《粤港澳携手共建国际科技创新中心》，《南方日报》2019年3月7日。

[25] 李郇、郑莎莉、梁育填：《贸易促进下的粤港澳大湾区一体化发展》，

《热带地理》2017年第6期。

[26] 李铁立：《边界效应与跨边界次区域经济合作研究》，博士学位论文，东北师范大学，2004。

[28] 李晓、王小彬：《粤港澳经济一体化：基于边界效应视角的分析》，《湖北社会科学》2017年第11期。

[29] 梁宙：《粤港澳大湾区的机遇与挑战：创新要素自由流动是主要难点》，https：//finance.sina.com.cn/roll/2019 – 02 – 20/doc – ihrfqzka7484875.shtml，2019 – 02 – 20/2019 – 09 – 18。

[30] 刘佳骏：《发挥香港优势，推进粤港澳大湾区建设》，《中国发展观察》2019年第9期。

[31] 龙晓、孙波：《建设粤港澳大湾区科创中心的建议——基于世界其他湾区的经验借鉴》，《科技创新发展战略研究》2019年第2期。

[32] 卢纯昕：《粤港澳大湾区知识产权创新协同机制研究》，《中国发明与专利》2019年第6期。

[33] 鲁巧巧：《粤港澳大湾区高等教育的国际比较与角色定位分析》，《教育探索》2018年第12期。

[34] 聂娟、辛士波：《我国高等教育质量差异化及对区域经济增长的效应分析》，《中国软科学》2018年第11期。

[35] 欧小军：《"一国两制"背景下粤港澳大湾区高水平大学集群发展研究》，《现代教育管理》2018年第9期。

[36] 日本统计年鉴。

[37] 日本国土交通厅：《首都圈白皮书》。

[38] 邵骏：《服务业市场结构与制度环境对产业结构服务化的影响研究》，博士学位论文，暨南大学，2014。

[39] 深圳市统计局，http：//www.sztj.gov.cn/xxgk/tjsj/tjnj/。

[40] 深圳市统计局、国家统计局深圳调查队：《深圳统计年鉴—2017》，中国统计出版社，2017。

[41] 世界银行：《变化中的东亚城市区域》，2018。

[42] 泰晤士高等教育："2012-2013年世界大学100强排行榜"。

[43] 谭志清：《构建开放银行：粤港澳大湾区金融创新发展的战略举措》，《南方金融》2019年第5期。

[44] 汤森路透"2012年全球创新力企业（机构）100强"。

[45] 汤贞敏：《研究型大学融入粤港澳大湾区国际科创中心建设的环境、重点与保障》，《新经济》2018年第6期。

[46] 王瑞军：《促进三地科技创新要素高效流动 打造粤港澳优势互补战略性新兴产业》，http：//gdstc. gd. gov. cn/gdkj/content/post_ 2188752. html. 2019-02-27/2019-09-17。

[47] 王位：《全球六种大学国际化评价体系的比较及启示》，《上海教育评估研究》2012年第4期。

[48] 王先林：《理想与现实中的中国反垄断法——写在〈反垄断法〉实施五年之际》，《交大法学》2013年第2期。

[49] 威廉·科瓦西奇等：《以竞争促增长：国际视角》，中信出版社，2017。

[50] 香港大学教育资助委员会2016-2017年报。

[51] 香港教育局网站，http：//www. edb. gov. hk /tc /about - edb / publications—stat /figures /index. Html。

[52] 香港特别行政区政府统计处。

[53] 历年香港统计年刊。

[54] 杨玉浩：《基于地缘关系的粤港澳大湾区高等教育现状及发展战略研究》，《教育导刊》2018年第8期。

[55] 张海梅、陈多多：《粤港澳大湾区背景下珠三角制造业与港澳服务业合作发展研究》，《岭南学刊》2018年第2期。

[56] 《肇庆统计年鉴2017》，肇庆市统计局网站，http：//tjj. zhaoqing. gov. cn／。

［57］《中共中央、国务院关于支持深圳建设中国特色社会主义先行示范区的意见》，《人民日报》2019年8月19日。

［58］《中共中央、国务院粤港澳大湾区发展规划纲要》，《人民日报》2019年2月19日。

［59］中国教育年鉴编辑部：《中国教育年鉴（2015）》，人民教育出版社，2015。

［60］中山大学研究生学刊，2018。

［61］《中山统计年鉴2017》，中山市统计局政务网，http：//www. Zsstats. Gov. cn /tjzl /tjnj /2017nj /ziliao. Html。

［62］周春山等：《粤港澳大湾区经济发展时空演变特征及其影响因素》，《热带地理》2017年第6期。

［63］珠海市统计局、国家统计局珠海调查队：《珠海统计年鉴—2017》，中国统计出版社，2017。

［64］珠海统计信息网，http：//www. stats－zh. Gov. cn/tjsj/tjnj/。

［65］Joseph A. Clougherty, "Globalization and the Autonomy of Domestic Competition Policy: An Empirical Test on the World Airline Industry," *Journal of International Business Studies*, 32（2001）：459–478.

［66］Andrew Scott, "Cain and Abel? Trade and Competition Laws in the Global Economy," *The Modern Law Review*, 68（2005）：135–155.

［67］Proposal for a Directive of the European Parliament and of the Council on Services in the Internal Market, EU, 2004.

［68］Henk Kox, Arjan Lejour, "The Effects of the Services Directive on Intra–EU Trade and FDI," *Revue Economique*, 2006（7）.

［69］Gopinath G. P. Gourinchas C. Hsieh and N. Li, International Price' Cost and Market Difference, *American Economic Review*, 2011, 101（6）.

［70］The Times Higher Education World University Rankings 2019.

索 引

A

阿姆斯特丹 117，205

澳门 1~3，10，12，16~23，29，30，32~34，38，39，41，46，48，50~52，54，55，62，64，66，70~72，74，76~78，85，89，93~95，97~101，103~105，107，108，135~139，143，147，150，153，155~157，161，162，164~167，173，174，177，179，180，185，189，198，199，201，205

C

CEPA 1~4，6，8~10，12，46，50，52，53，64，68，69，73~75，82，108，169，171，173，175，176，187，192，194，201

产业集群 39，58，87，107

创新要素 5，45，56，58

D

大学 1，10，14，37，39，42~44，46，51，52，57，60，62，64，69，80，92，96~103，107，108，111，113~120，122~125，149，168，170，188

地缘　5，19，93，96

东莞　4，7，10，21，30，33，34，39，45，52，67，77～79，89，93，98，99，103，107，111，122，129～135，164，166，167，198

东京湾区　15，16，37～40，42，43，46，56～58，68，198

F

法律服务　4，9，12，69，71，75，77，81，82，88

发展指数　149，151，152，155～159，161，162，164，165，177

发展综合指数　152，154，159～161

佛山　3～5，10，21，30，39，51，77，78，89，93，99，103，107，129～135，163，164，166，167，198

负面清单　2，11，173

服务贸易　1～13，53，64，70，83，88，169，172，173，175，187，188

服务贸易自由化　1～3，5，6，8～12，64，173

服务业发展城市指数　156，157，159，163，164

服务业劳动生产率　154～157，159，160，166，167

服务业增加值　71，76～78，149，150，154～157，159～161，165～167

G

高等教育　10，42，44，60，80，92，95～113

共同市场　171，175，194

管理体制　97，100，101，113

广东　1～5，8～14，18～22，28～30，32，34，35，37，39～41，43～48，50～53，58～65，68，69，73，75，79，83，86，92～96，98，99，102，103，106，119～135，144，149，150，155，157，163，168，173～175，186～188，190，193～196，198，199

广告业　79～81，89，90

广州　2～5，7，10，11，18，19，21～23，30，32～34，38～40，43，45，48，50，51，54，59～62，66，71，77，78，80，85，89，93，94，96，99，100，103～

105，107，111，120～122，128～135，147，153，155，156，161～167，177，191，198，200，201

国民待遇　2，75，173，193

国际金融　38，39，54，146，148，153，154，161，199

H

海外仓　200

行业规制　170，172

航运　4，7，39，54，108，153，154，161，162，205

杭州　102，104，105，123，200，204

杭州湾　204

横琴　3，9～11，29，30，33，50，51，54，62，69，71，83，201

会展业　69，74，77，84，88，89

惠州　4，5，10，16，21，30，33，67，77～79，89，93，99，103，104，107，111，129～135，163，164，166，167，189，198

"红名单"制度　36

环渤海地区　15，26，33，35

J

集聚效应　45，47，61，70

基尼系数　22

激励机制　58，63，90，113

江门　10，16，21，23，30，34，66，67，77～79，89，93，99，103，107，129～135，164，166，167，198

竞争政策　168，171～173，175～178，180～183，186～188，190，192～197

旧金山湾区　15，16，37～43，45，46，56～58，61，68，198

K

科技创新　5，7，10，37，39，41，44～48，50～58，60～63，94，99，100，107，108，112，113，148

科技金融　53，55，57，60，146，147

跨境电商　198～206

跨境电子商务综合试验区　200

会计行业　82，83

L

垄断　49，169，170，172，174～188，195，196

旅游业　14～16，18～36，162

M

美国　25，38，39，41，49，50，56，57，83，114～118，172，198，205

N

南沙　3，4，9～11，18，33，38，50，51，54，62，71，83，99，201

纽约湾区　15，16，37～43，45，46，56～58，61，68，198

O

欧盟　15，24，27，28，86，113，172，188，196，197

P

排名　38，39，41，46，96，97，102～105，113～115，121～123，151，156，164，165，178，183，201

平均权重法　158，159

浦东　201

Q

前海　3，4，9～11，50，51，55，69，83，145，201

区位商　64，71，72

区域融合　154～156，159

区域协调　112，153，160

R

人缘　5，94，96

入境游客　14，16，17

S

山东　26，119～121，123，124，204

上海　16，60，76，102，104，105，120，121，144，200，201，204

商务服务集聚区　70

深圳　4，5，7，10～13，18，21，22，30，32～34，38～40，43，45，48，50～52，54～56，60～62，66，69，77，78，85，89，93，94，96，98，99，102～105，107，111，119，128～135，143～145，147，153，155，156，161～167，177，198，200，201

市场壁垒　74，86，169，170，172

四大中心城市　33，66，85，88，89，153，154

X

香港　1～5，7，10，12，16～23，30，32～34，38～41，44～46，48，50～52，54，55，62，64，66，69～78，83，85，89，93～97，99，100，103～108，111，115，116，119，120，139～142，144，146，147，150，153～157，161～167，170，173，174，177～192，198，199，201～203，205

新加坡　25，115，116，146，205

学术氛围　101，102

Y

"12312"交通圈　18

亚太地区　15，25，31，54

亚特兰大　201

一价定律　187，188

粤港澳大湾区　1，3～25，27～43，45～51，53～56，58，60～96，98～110，112，113，125，130，131，142～145，147～171，173～175，177，186，191，193～205

粤港澳一体化　163

Z

肇庆　10，21，23，30，34，66，67，77～79，89，93，100，103，107，129～135，164，166，167，177，198

政府管制　179

知识产权　4，39，48，53，57，58，63，70，88，107

治理机制　31，40，41，106

智慧化物流　206

中山　4，5，10，16，21，23，30，

39，43，77，78，89，93，96，98，99，103，104，107，111，122，129～135，164，166，167，198

中心发展 153，154，156，159

珠海 5，10～12，16，18，19，21，23，29，30，33，38，40，50，51，66，67，69，71，77，79，

89，93，94，97，99，103，105，107，122，128～135，163，164，166，167，198，201

主成分分析法 158

自由贸易港 201，205

自主创新能力 46，47，89

综合指数法 157～159

图书在版编目(CIP)数据

粤港澳大湾区服务经济合作与发展 / 林吉双, 孙波, 陈和著. -- 北京:社会科学文献出版社, 2019.12
 ISBN 978-7-5201-5888-6

Ⅰ.①粤… Ⅱ.①林… ②孙… ③陈… Ⅲ.①服务经济-发展-研究-广东、香港、澳门 Ⅳ.①F726.9

中国版本图书馆 CIP 数据核字(2019)第 292649 号

粤港澳大湾区服务经济合作与发展

著　　者 / 林吉双　孙　波　陈　和

出 版 人 / 谢寿光
责任编辑 / 吴　丹
文稿编辑 / 张艳丽

出　　版 / 社会科学文献出版社·皮书研究院(010)59367235
　　　　　　地址:北京市北三环中路甲29号院华龙大厦　邮编:100029
　　　　　　网址:www.ssap.com.cn

发　　行 / 市场营销中心(010)59367081　59367083
印　　装 / 三河市龙林印务有限公司

规　　格 / 开　本:787mm×1092mm　1/16
　　　　　　印　张:14　字　数:213 千字
版　　次 / 2019 年 12 月第 1 版　2019 年 12 月第 1 次印刷
书　　号 / ISBN 978-7-5201-5888-6
定　　价 / 98.00 元

本书如有印装质量问题,请与读者服务中心(010-59367028)联系

▲ 版权所有 翻印必究